冯仑

著述

寇建东 整理

吃醋的人生

中国华侨出版社

北京

果麦文化 出品

序：人生何处不吃醋

日前，为了讨口好吃的，专门去了一家特别的川菜馆子——"天下盐"，老板叫二毛。

本打算去过把口瘾，吃点麻辣，没想到坐下来聊天，老板二毛却大谈起酸和醋来，这让我始料不及。一开始，是我向他请教做川菜的诀窍，他说："你们都知道辣和麻，却忽视了川菜的一样重要调味品——醋，比如宫保鸡丁等菜品，全都是靠醋来调味的。"我特别好奇，就继续请教，才知道了一些和醋有关的故事与知识。

就像中国很多其他的事一样，只要提起来，一定要说"古已有之"。醋也不例外。关于醋的起源，一说是在西周，一说是在春秋。最初，自然的雨水落在马槽里，一些物质发酵，最后出来一种味道。人们开始有了"酸酸的"这样一个味觉的感受，之后又逐渐地把承载这个味道的东西作为一种调味品，于是有了醋。

不论是西周，还是春秋，这都是两千年前的事了。两千年前，古人的舌头上开始有了酸的感觉，"甜、酸、苦、辣、咸"五味中，酸也算是一种比较早就有的味觉。

当然，人们不可能永远喝马槽子里自然生成的酸味液体。《齐民要术》等一些典籍里，总结了汉代人做醋的方法。"醋"这个字的写法，其实就和它的制作工艺有关，做醋得二十一日，"醋"这个字的右半部分，表达的就是这个意思。

醋在整个饮食中的地位非常清楚，绝大部分时候，醋是一个配角，不管什么样的菜，只要放点醋，它就能调味。做鱼，放点醋可以去腥；炒土豆丝，炒豆芽，最后都要来一小勺醋。它不是主味，它是调味，调别人的味。什么叫调味呢？没它不行，有它更好。而且它的存在使主要的角色变得丰富，变得高大，甚至完美起来。比如调甜，糖和醋在一起，我们称为糖醋。没有醋的话太甜；有了醋，这个甜就变得曼妙起来，甚至让人感觉这个味道中的糖，和传统的糖、一般的糖居然不一样了，身价提起来了。

人在社会中也是这样。我们年轻的时候，在组织、单位、企业，在社会里的存在，也只是一个"调味品"。我们调了什么味呢？我们初出茅庐，难免有许多青涩的地方，我们会犯错误，会做傻事，会冲动，但正是这些，也许在某些意义上正是创新的一种动力。而且我们的酸涩，也正映衬了成熟者的周正、稳妥。年轻的我们正如醋，没有我们这坛醋，衬不出别人的甜。

各种配角里头，醋是最重要的。当然了，在一个组织当中要演好配角很不容易，要是你没演好，演砸了，你就不是"醋"，而是"咸"、是"辣"，也可能是"腥"甚至是"臭"了。行走在社会中，我们得去演好配角。有的时候，我们得做好那个二把手、三把手、群众的角色，然后反衬出主角，反衬出红花，反衬出美女，反衬出明星。我们看电视剧，配角其实就是个"醋"的角色，没有它不行，有了它主角才更牛。

有些人，比如一些大学毕业生，刚步入社会开始工作，为了功名强出头，不愿意经历一段时间来做"醋"的角色，上来就想甜、想咸、想辣，就要自己做主角，这个时候往往会和社会原有的秩序发生冲突，然后受到打压和排挤。

回想起来，这顿饭吃完，我可是长了学问了。人生何处不吃醋？人生何时不吃醋？吃醋乃人生第一大学问。你想要做好大哥，做好领导，先要学会做"醋"，先要学会做配角，先要去衬托别人，先要去抬举别人，先要去赞美别人，先要去举荐别人，先要去支持别人，先要去让别人成功，然后自己这罐"醋"

才算尽到了责任，才算演好了配角。

说到醋，我想起"打破了醋罐子"。"吃醋"这事儿是说男女关系的。书上说，这个典故来自房玄龄的故事。唐太宗想笼络大臣，要为宰相房玄龄纳妾，遭到房玄龄夫人的反对。唐太宗赐下一杯"毒酒"，让房夫人在喝"毒酒"和纳小妾两件事里二选其一。房夫人宁死不低头，端起"毒酒"一饮而尽。房夫人含泪喝完后，才发现杯中不是毒酒，而是浓醋。

唐太宗用赐一杯醋的方式，褒奖或者说调侃了房夫人的委屈、不满，有点着急又蹬鼻子上脸的心理状态和急劲儿。这件事后来在民间不断地传来传去，就变成了男女关系当中的一个特定用语，叫"吃醋"。

但凡自己的心爱之人可能要被别人撬走，或者是别人对自己的心爱之物表示出羡慕并企图占有时所表达出的一种不满，心头酸酸的，但又不是很强烈的要死要活的情绪或者行为，就是吃醋。

从这个角度来看，吃醋的过程，有三个要素很重要。

第一，要发生吃醋这件事，最初的两个当事人一定有一种共同的利益关系、情感关系，或者是虚幻的共同体关系。比如说夫妻，就是特别直接的利益、情感共同体关系。有些时候并不只是夫妻，这种关系会放大到你喜欢的一个东西，或者移情到一个物件上，比方说宠物。总之，你的情感投射到某个人、某个动物，甚至物体上面，产生了一种泛化的联结和精神、情感层面上的虚幻的共同体的感觉。这是吃醋的前提。

第二，当你建立起这样一个共同体的感觉后，哪怕是虚幻的共同体，有另外一个人插入，他也表示出强烈的喜欢，并且企图从你身边把你喜欢的人或者那件事情、那个动物拿走时，你会产生一种抵触心理，然后不高兴、难受，甚至别扭、恶心、生气、不满……你产生这样一种情绪和表达冲动，这个时候，就是醋劲儿来了。

第三，你得表达出来。你光内心有醋劲儿还不够，既然叫"醋劲儿"，这个"劲儿"就得表达，比如说摔盆子摔碗，或者猛地一下把门关上，给别人眼色看，或者突然之间丢出一句不轻不重的话，甩个脸子。表达的目的就是让闯进来的这个人看到、感觉到你的不满和反感，然后退却。

不光是人类，动物之间也会表达出醋意。比如，一只母猫在给小猫喂奶，这时候来了另外一个动物，试图把猫妈妈拉走，这时候大猫小猫的联结关系会被破坏掉，于是小猫产生醋意，叫两声，或者拿只小爪子挠一挠。

"围观"这个过程，我们都可以想象出这样一幅画面：其乐融融的夫妻、朋友，或者你跟宠物、跟一个物件的关系处在非常美好、平静、祥和状态的时候，突然有一个第三者插进来，要破坏这样一种结构，破坏这样一个情感，甚至要把你爱的人、你喜欢的东西挪走，把你们的关系撕破。这个时候，你当然会表达出一些小小的不满和些许的难受，并在言语上表达小小的抗议，或者在行为上表达出一种反对，这个过程就是吃醋。

吃了一顿饭，我把"吃醋"这件事也给弄明白了。

我发现，吃醋这个事本身还有点小美好，比如刚才描绘的这些小场景、这些表达，都挺好。

但在生活当中，很多事情都不是这么简单。不少人在表达吃醋的时候，并不是止于言语或者摔个门、瞪个眼，而是会把不满的表达进行升级。升级以后叫什么呢? 比吃醋更高一层的叫忌妒。

所谓忌妒，就是说，你要的东西别人总是要拿走，你要表达不满，不仅在言语上，而且直接采取行动，可能出一些阴招损招，破坏对方的行动。这个破坏，甚至包括挖坑、造谣，或者找人抽他俩耳光，把他的车给砸了……总之，忌妒是吃醋在坏的方向的一个高级形态。吃醋是浅浅的表达，而忌妒，是一个东西大家都想要，而你觉得应该属于你，却被对方占有了，然后你用强烈的手段进行回应，特别是用低级趣味的、阴暗的手段去造谣、诋毁，甚至是在身体上进行伤害，以及在财物上予以打击。在表达方式上，忌妒与吃醋非常不同。

如果你有了忌妒的情绪却不管控，往往会造成很严重的后果，比如说致残、致伤对方，甚至剥夺对方的生命，摧毁对方的事业和他喜欢的东西，乃至把大家都争夺的这个东西也彻底毁掉。这种表达方式，就超出了忌妒的范畴，变成了一种仇恨的表达，变成了"有你无我"，甚至玉石俱焚、同归于尽。

显然，失控的醋意可能变成忌妒，而失控的忌妒，也可能变成仇恨甚至暴力，这是特别危险的一件事情。人类社会中，任何时候都有吃醋的可能，因为总会有值得吃醋的地方，但是要加以管控，避免它朝着仇恨与暴力去癌变。

吃醋会不会有良性的结果? 也有可能，吃醋有时候会转化为一种良性竞争。比如说这个是好东西，你想要我也想要，那怎么办? 我要更努力，做得比你好，我通过做得更好来留住原来想要的东西。

我有个朋友就很有意思。他离婚以后，新太太打听到他前妻做面条做得非常好，而且即使离婚了，逢年过节仍然到婆婆那儿去做饭，婆婆非常喜欢。一次，新太太到婆婆家，婆婆尝到她做的面条，就说，你做的不如谁谁做的好，也就是说她的手艺赶不上前任。她有点郁闷，当然也有点醋意，回来就跟老公聊天，言语中打听前妻做面条的诀窍，然后不断地练习。终于有一天，她到婆婆那儿做了一碗面，婆婆突然间觉得这面条很好，比谁做的都不差，连说了几个"比她好"，这下她就释然了。从此，婆婆喜欢上她做的面了，前妻也就不再去那儿了。这是一个良性的竞争关系，让这个朋友的现任跟婆婆建立了一个新的联结，婆婆也就接受了这个新的儿媳妇。现在，这一家人过得很幸福。当然，这碰巧是一个婆媳的故事，主角换成翁婿也是一样。

生活就是这样，我们可能会对同一个事物有共同的追求，但是在共同追求的过程中，我们是把醋意转化为忌妒，转化为仇恨，还是把醋意转化为一个小小的良性竞争，从而保护大家都想要的东西和情感氛围，让这个东西不仅得到维持，还能够朝好的方向有所发展？这种选择，需要人生智慧。

说到这儿，醋已经成了我们生活中一个特别好的朋友。醋意无所不在，但是控制醋味是我们的责任。我们不能任由内心的醋瓶子倒了以后无限地恶意蔓延，导致破坏和毁灭，甚至引起更大范围的骚动。我们应当做一个开开心心的人，保有一点浪漫的醋意、一点温馨的醋感，让我们的生活滋味多一点，状态轻松一点。

这是一本讲商业人物、商业掌故、商业中的人生体会的书。这样一本书，为什么会起名为《吃醋的人生》呢? 其实，就像上面讲的醋的起源、醋的作用和"吃醋"这样一种感觉，我觉得，用醋和这本书的内容作一个对照，非常有意思。

这本书讲的东西，无论是商帮故事、野史杂谈，还是一些跟生意有关的人生体验，这些内容，相较于正规的 MBA 教材，或者"认真"的商业史、高大上的传记，确实像醋一样，只不过是个"调味"的，是个配角，是可以用来"反衬"这些"主菜"的高大上的。

也就是说，这本书的内容，是首先观察商业上面和生意当中不为大家所关注的一些细微的点，然后通过商业故事把一些奇葩的商业事件呈现出来。当我们吃惯了主菜、大菜的时候，在直接感受甜咸辛辣这些味道的时候，稍微来一点醋，调调味。这样的话，就可以在比较轻松愉悦的阅读过程中，体会到商业人生的快乐。这就是我起这个书名的想法。

当然了，起这样一个书名，还有一个思考的角度。正所谓"人生何时不吃醋，人生何处不吃醋"。吃醋，无非是当你对一些事物很有兴趣，想占有它，想跟它产生一种联结，但是别人也要拿走它时产生的情绪。你在表达情绪、采取行动之前，手里握着两个选择：要么通过良性竞争，把它守住，把它拿回来；要么表达不满，要求别人退却，甚至采取一些更激烈的手段，纵容忌妒、燃起仇恨、进行破坏，把别人赶走，把既有的和谐关系毁掉。

另外，我在讲这些商业上的"调味品"时，其实怀有一种心态，那就是对于那些端着的、一贯很正确的商业正史，对于那些 MBA 使用的一本正经的教材，其实也有某种"吃醋"的心理，也处于一种"吃醋"的状态，所以，我要把这个"醋味"表达出来。

而在这个表达醋味的过程中，我想让大家体会到，商业还有另外一些值得咀嚼和回味的不太一样的内容。所以，在这本书里，我希望让大家不仅能感觉到商业的精彩和智慧之所在，还能体会到一些淡淡的愉悦。也因为这个原因，我想把"吃醋"这个名字送给这本书。

我想，用书中所呈现的这样一种醋的感觉、醋的状态和"吃醋"的心情，来看那些端正的、高大上的商业故事，来对照过去我们不注意的一些商业定律、法则和规范，会是一件很有意思的事情，一定会相映成趣。

这本书的成书过程，花了一些时间。起初，我是像聊天一样地讲述，我讲完了以后，又整理出文字。但是这些文字还比较粗糙，有很多口语化的语句。为了让读者更好读，也为了让每部分内容之间的关系更清晰，我们请了一个朋友——寇建东先生帮忙，把这些口语化的文字收拾收拾，变得更规整、更细致了。所以，非常感谢寇建东先生，他也是本书共同的创作者。

是为序。

目录

商帮

晋商

百年前的中国"华尔街"

在凿空使者所著《大商帮：探秘中国商业群落》一书中，关于晋商有这样的描述：晋商是我国商帮中崛起最早、明清时期国内最大的商帮，在商界活跃了五百多年，足迹不仅遍及国内各地，还出现在欧洲、日本、东南亚和阿拉伯国家。晋商不仅创造了巨大的财富，还创造了第一个经营汇兑业的票号。

这足以见得晋商——这一历史最为久远的商帮，在中国商业版图中的地位。虽然相比现在仍活跃在商界中的潮汕等其他商帮，晋商在清代以后已逐渐没落，但那些晋商留下的大院依然讲述着他们的精彩传说。

*　　　　*　　　　*

今天讲的晋商，与明清时期其他商帮最大的不同是更富有，并且在中国商界的统治地位长达五百余年。

晋商到底多有钱? 在清代，他们垄断了富豪排行榜前二十名的位置。想一想，一个晋中地区，住着马云、马化腾、王健林、许家印等富豪，是何等富有。据史料统计，把山西几个县城中富户的家产加起来，数量就超过了一亿两白银。这个数量甚至比当时国库的存银还要多，可以说"富可敌国"。然而，封闭的观念和清末民初动荡的时局，也让晋商走向了没落。这不免让人唏嘘。

走西口走出的"中国华尔街"

山西的平遥古城尽人皆知，在古城中心一条长两百多米、宽5米的青石板大街两边，曾林立着十多家名声显赫的票号。

有人说，这里曾是大清帝国的金融心脏，堪比如今的美国华尔街。这一次，和我一起走上这条青石板路的，是北京大学经济学院教授周建波。周教授的主要研究方向是中国经济思想史、管理思想史，并且著有《成败晋商》一书。

"晋商在中国历史商帮里算是一个挺特别的商帮，和湖湘、安徽、江浙商帮比起来，他们最大的不同点在哪儿？"刚一落座，我便率先向既了解历史又懂经济管理的周教授提出了问题。

"从外部环境看，晋商面向的是东北、内蒙古、新疆，以及背后的东欧、俄罗斯市场。"周建波的回答让我的脑海里立刻浮现出了《走西口》这首民歌，"我记得当时有一首歌叫《走西口》，现在来看，实际上就是干买卖去了。"

"走西口，是通过一个叫'杀虎口'的地方去包头。还有走东口，东口就是通过张家口到东北。"周建波解释说。

历史上山西人"走西口"多从山西中部和北部出发，形成两条主要路线，一条向西，经杀虎口出关，进入内蒙古草原；一条向东，过大同，经张家口出关进入内蒙古。

"这歌（《走西口》）听起来挺悲凉。"我感慨道。

"出去了能不能回来不知道，生死未卜，可能一辈子都回不来了。"周建波有同样的感触。

"那为什么山西的钱庄票号能发展起来？这和贸易有关吗？"我继续追问。

"这就和你现在做企业一样。"周建波的回答言简意赅，"事业做到一定程度，你一定会走向资本市场。"

"也就是说，贸易过程中产生对金融的需求，发展出钱庄票号。"我若有所思，"最近几十年大家讲到晋商都是钱庄票号，但忘了贸易其实也是实体经济的一部分。"

"对，实体经济一定会产生对金融的需求。"周建波进一步阐述说，钱庄票号的由来和异地贸易需要的货币、信用、兑换有关，特别是在二三百年前，一个地方一种货币，甚至每个县都不相同，所以钱庄的业务非常发达；而票号则用于远距离贸易，远距离贸易有资金调拨的需求，也有资金安全的需求，"说到底都是保证资金流。"

1823 年，山西出现了一种独特的经济模式，叫作票商经济。票商经济的创始人名为雷履泰，是山西平遥人，在北京拥有一家商铺和一家颜料店。他经常遇到一些山西的老乡，他们来店里问最近是否要回山西老家，能否帮忙携带一些银两给家乡的亲人。雷履泰从中发觉了暗藏的商机：如果以半两银钱作为携带五十两银子回家的酬劳，那么帮老乡带钱所得的利润将远远高于卖颜料的利润。于是他在北京创办了日升昌票号，专门帮山西老乡运送银子回家。

这便是中国第一家专营存款、放款、汇兑业务的私人金融机构，也就此攀上了晋商在金融领域的巅峰。现在平遥古城内的日升昌旧址，已成为中国票号博物馆，里面陈列了当时经营所用的实物资料，向人们展示着晋商的辉煌历史。

不把官员放在眼里的晋商

有资料说，全盛时期的日升昌，竟然占有清政府 80% 的白银储备。这真的可以说"富可敌国"。不过，和日升昌规模差不多的，还有山西太谷的曹三喜。

"大家都知道山西的乔家大院，可曹家的规模比乔家还要大得多。"周建波提到了晋商几大家族的典型代表曹家，"曹家是在东北发的家，规模最大的时候，中国各地和朝鲜、俄罗斯都有曹家的分公司。"

周教授给出曹家鼎盛时的数据是：八百家分公司、三万多头骆驼。

山西太谷的曹家白手起家，以船帮、驼帮和票帮为中心，扩散到多个行业。船帮主要是做日本的贸易，驼帮则做内蒙古和俄罗斯的茶叶生意，商帮、票帮则是在原有典当业的基础上发展起来的。

"这简直就是清朝物流业的'顺丰'啊。"开过玩笑，我回到了正题，"那这些家族最兴盛的时候怎么和政府打交道？"

"其实那时的政商关系并不算复杂。"周建波说，除了法律法规不健全导致国家对企业影响不大这一因素，还有一个时代的背景——宋元明清的中国经济大势。在周教授看来，这几个朝代的经济构成与唐朝大有不同。在唐朝，由于多是国有经济，企业对国家经济的干预特别多；而民间商业往往过度追逐利润，导致市场失灵，又进一步加强了国有经济对商业领域的控制。但在唐朝之后，随着经济的发展，城市工商业率先得以发展，商业对国家的破坏作用逐渐减小，"政府看到了商人更大的好处，也就利用商人来实现国家的管理目标"。

在清代，尤其是晋陕一带的企业更多承载了政府的使命，这和当时政府给予商业企业的税赋政策也密切相关。

"清朝往往在一个地方规定了税收数额，不允许多收税，多出来的就叫扰民。"周建波说。

"这叫'包税'，税收不重吧？"我问道。

"税收不重，尤其是对票号。"周建波说。在清代，票号一类的企业被定义为典当业，属于慈善事业，受政府鼓励。"市场有了你这笔典当出去的钱，全国经济都活了。"

"这么说，当时是民间自己做自己的。"我依然好奇，"曹家和哪些政治人物联系多呢？"

"在近代之前，商人和官员都是泛泛之交，但李鸿章、左宗棠他们都和晋商有来往。"周建波说，这也有一定的历史背景。比如左宗棠打西北、打新疆时，粮草就需要晋商来供应。而对于政府的要求，如果商人完成了就会得到政府的奖赏，"当时的商人可以做到国家二品大员。"

"这个二品相当于捐的?"我问。

"是捐的,但也是为社会作贡献。这一点在清代非常明显。"周建波说,这是政府对商人所作贡献的认可,是一种荣誉。

"这么说,那个时代的政商关系应该是官员要用商人来解决一些社会问题。"我恍然大悟。

"是这样的,所以那时政商关系非常简单,晋商根本不把官员放在眼里。"周建波的点评大大超出了我之前的认知。

关公维系了晋商超越血缘的命运共同体

我之所以这么关心政商关系,是因为有不少企业因处理不好政商关系而走入末路。

现在看来,至少在晋商所处的封建社会时期,大部分时候商人和官员相处得还很和谐,而且官员对商人也很尊重。

周建波说,明清时期,原本由政府控制的诸如制衣、酱菜之类的工业,都让渡给了民间。政府和商人只是客户关系,比如著名的六必居酱菜,政府便是它最大的客户。

显然,健康的政商关系促进了当时商业的繁荣,但像晋商那么大的企业，内部又是如何管理的？

以前面提到的曹家、乔家为例，这两大晋商家族的业态都是商业，并且都是跨地域、跨血缘来往。"这就需要一个超越血缘关系的力量来维系。这一力量就是类似于宗教的价值观。"周建波说，在明清时期，有儒释道三教合一的价值观，通过崇拜关公作为儒释道共同传统的代表。

关公是山西人，但在此时，他成了一个价值观的载体。"这是一个语言体系，就像我们现在讲的商业，也会有一个语言体系。"我道出了我的理解，"晋商的语言体系就是关公。"

"建关公庙在那时是法定的，有了关公庙，各村也就有了公共活动中心。"周对我的理解表示了认同，"因为中国到了宋元明清时期，北方已不像南方那样都是同姓村庄，而是杂姓混居。不同家族的人靠关公的维系，形成了一种超越血缘关系的命运共同体。"

当然，企业管理仅凭关老爷的"义"远远不够，还需要制度上的保障，但这二者之间存在一定的关联。

"在制度上，晋商实行的是股份制。股份制也和这种超血缘的文化有关。"周建波说。

对晋商发达的股份制，我早有耳闻。晋商的股份分为银股和身股，银股就是现金入股；而身股又叫人力股，即今天说的干股，是对人才能力的一种肯定。"所以那个时候的股份制还是比较完善的。"

"应该说当时晋商股份制的作用比今天要大得多，它真正形成两权分离——老板管投资，掌柜是经理人。"周建波说，那时大商号的投资范围很广，怎么把这些投资联合起来? 就是"我出银股，你出身股，双方联合"。

钱和能力相结合，这是一种非常聪明的制度安排，通过职业经理人的能力让钱增值。而除此之外，人才的培养和激励机制也同样重要。

"刚才说的作为干股的'身股'可以看成对人才的一种激励，那晋商有什么相对应的惩罚措施?"我问道。

"惩罚措施有，但属于事后惩戒。在此之前，晋商已经设计出了一套很完善的事前预防措施，把有可能出现的各种问题都做了尽可能的防范。"周建波说的这套防范措施，包括担保制。"比如要来当经理，就必须有相应的担保人，并且担保费不同，对担保人的资产要求也不一样。"

"这是根据职位和责任找相应的担保人。"在我看来，这套看起来很像"负面清单"的科学管理制度，有利于职业经理人的稳定和尽责。

没有文化的积累最可怕

先进的股份制安排和完善的惩戒机制，让晋商在明清时期形成了绝对的经理人市场；又因为共同的价值观，保证了晋商内部凝聚力的增强，但我依然好奇，历经五百余年的晋商是如何传承，最终又是怎样走向没落的？

"拿曹家来讲，往往是每一代人分房不分家，在家庭股东会议上决定每一个人分多少股份，而每家持有的股份都由家族统一持有。"周建波以曹家为例说，"然后在每一代人当中选出一个更有能力的人总负责。"

怎么选法？简单粗暴的投票！投票的标准是：第一，有培养潜力；第二，能接受历练；第三，口碑要好。

说到这里，我想起了自己的一个德国朋友。一次吃饭的时候，这位朋友说，要回德国接管家族事务——原来他的家族是德国一个有三百多年历史的商业家族。这个家族选接班人也很有意思：家族的最高组织是管委会，后代年轻人通过竞争进入管委会。

竞争胜负的评判标准也非常奇葩：把参与竞争的年轻人派到一个家族没有进入过的市场，之后十年，家族不会提供一分钱的资金。十年以后，谁负责的市场大，谁就自然进到管委会。

"我的这位朋友特别幸运地抽到了中国，也幸运地遇上了中国最好的发展时期，于是在中国的事业越做越大，远远超出了其他的竞争对手。"对于这个案例，我津津乐道，"通过这样的竞争手段，他们家族的每一代传承都等于扩展了商业版图，并且家族没有花一分钱的额外成本。"

其实，晋商在近代并非没有机会。慈禧逃亡山西，回銮北京后她两次把橄榄枝伸给了晋商。1903年，她派袁世凯在天津开办一家新式银行，满心希望山西票号能积极参与，哪知山西票号并不领情，婉言谢绝了。翌年，户部尚书鹿钟霖奉命组建大清户部银行，也曾盛邀山西票号入股，并派人参与筹办和经营，但墨守成规、毫无远见的山西票号的总经理们仗着自己手握票号经营重权，竟然再次回绝了来自北京方面的邀请。

山西票号的因循守旧，给了彼时正在崛起的江浙一带的绸缎商机会。也正是通过参与筹备大清户部银行，江浙财团因此后来居上，并逐步取代了山西票号在全国的金融地位。

"他们想应召也晚了，办银行得有首付款，可当时山西票号连首付款都凑不齐了。"在周建波看来，晋商的兴盛得益于明清之前深厚的文化底蕴，但是盛极一时的晋商忽略了文化知识的汲取补充，"明清晋商挣钱太多了，多到什么程度？多到觉得读书没用。"

这种观念最后在晋商中甚至形成了一个传统——一流的人经商，末流的人读书。学习能力的匮乏、文化素养的下降，导致社会一旦发生大的变动，晋商不能及时顺应潮流。到辛亥革命爆发时，晋商的21家票号倒了18家，想改变，可为时已晚。

"晋商的牛，在于当时的适度开放；而衰落，也因为他们不够开放。所以，社会开放是硬道理。"其兴也勃焉，其亡也忽焉——对于晋商的兴衰，我不禁唏嘘。

冯言冯语：只有动态的开放，企业才能活下去

说起晋商，我在想两件事情。

一件是他们的政商关系。从钱庄票号的这些家族和老板来看，当时的政商关系似乎很宽松。不同于许多人对封建时代的想象，那时的整个制度环境实际上对商人的约束并不多；相反，政府组建大清银行都会邀请晋商的钱庄票号参加。

但是这些钱庄票号都很消极，结果给了江浙财团机会。也就是说，晋商并不积极跟官股搅和在一起。

除了政商关系，晋商还有一件事也非常有意思：开放与封闭的关系。

晋商之所以能够形成完整的商帮，而且不断发展壮大，首先是得益于局部的开放，但他们在更大范围是封闭的。

所谓局部开放，是说他们把开放仅限于晋中一带。相同的文化背景和价值观，使他们有机会吸收很多"身股"，即，用企业制度上的变化，带来了所有者和经营者适度的分离，同时企业制度更包容。但是进入清末民初以后，社会上的商业机会更加开放，商业贸易的距离更远，业态也更多样化，这个时候，晋商钱庄票号还恪守原来那套做法，比如跟官股不发生关系，始终不用晋中以外的职业经理人，曾经的优势就变成了弱势。所以，封闭又变成了他们消亡的一个重要原因。

在现代企业治理过程中，一个企业在什么时候开放、开放到什么程度、用什么样的制度吸纳更广泛的生产要素和资源，这对一名企业家、对一个民营企业的发展来说都是特别重要的。这就是晋商留给我们的一些值得回味的东西。

周建波：成败晋商五要素

-

晋商的崛起和兴盛得益于三大要素：一是商品经济的发展；二是官商结合的垄断；三是政治中心北方、经济重心南方的区域格局的作用。

显然，正是商品经济的发展，使政府看到了蕴藏在商人中的力量，开始改变以往亲自经营的政策，转而实行招商政策，利用商人实现自己的战略目标。而政治中心北方、经济重心南方的区域格局的形成，使明清政府将重点放在北部边疆，这使长期活动于北部边疆、习惯于跟边军和游牧民族打交道的晋商，自然而然地被选为执行政府战略目标的最佳合作伙伴。晋商的发迹由此而来。

但是，正如马克思所指出的：商品经济是天然的革命派，总是以不断地破坏旧制度来推动社会向前发展。工业革命的爆发、商品经济全球化浪潮的加速，一方面要求以沿海来联系内地，进而联系整个世界，这使得政治中心北方、经济重心南方的地理格局发生动摇；另一方面又要求打破官商结合的垄断，走向自由竞争。正是这两大要素的变化，促使晋商走向衰败。

关于晋商何以辉煌500年的解释方面，有议论认为，晋商所以做大，是因为有进取精神，不怕吃苦，能禁受浩瀚大漠艰苦环境的考验。其实，当时的商人，无论中外没有不是过艰苦生活的。我认为，只有从横向的商品经济全球化发展的角度，从纵向的政治中心北方、经济中心南方的角度，才能解释清楚为什么明清时期会出现商品经济大发展，乃至出现十大地域商帮的现象，才能解释清楚为什么晋商、徽商一枝独秀，而沿海商人受到压制的现象。

也只有放在这一大框架下，人多地少的环境作用、商人特有的吃苦精神的作用，甚至官商结合的现象才能得到清楚的解释。

（节选自周建波《成败晋商》）

温商
把自己的家乡掏空

　　有人说他们是"白天当老板，晚上睡地板"；有人说他们"头发是空心的，里面藏着智慧"；而他们自己说，"我们就是要让全世界知道，别人不可以的事我们都可以"。他们就是白手起家闯天下的温州商帮。

　　关于温州人的经商思维，曾有这样的对比总结：

　　"穷人"：没人干过这种事，没有先例可循，万一砸了怎么办？

　　温州人：没人干过怕什么。这样才没人跟你抢市场嘛，头道汤味道最好，先人一步的生意最赚钱，通吃整块蛋糕，市场才大嘛！

　　"穷人"：创业需要有人帮。没有好搭档怎么办？与他人合作往往会出现利益纠纷，有时候还会伤了朋友和气。

温州人：谁是最好的创业搭档？当然是家人。利益关系可以把我们紧紧拧在一起，力往一处用，劲往一处使，齐心协力，没有不成功的。

"穷人"：没有资金、没有技术、没有人才、没有一点优势，怎么创业呢？

温州人：没有优势怕什么，向别人借呗。借个老母鸡，还能下一个金蛋呢。

这样的对比还有很多。温州商人，乃至温州商帮，到底是怎样的一群人？

*　　　　　*　　　　　*

一提起温州，人们的印象就是中国的"小老板之乡""小商品之乡"……在他们眼中，温州几乎成了财富的代名词。温州最出名、留给人们印象最深刻的还是温州商帮，因为他们是"温州奇迹"当之无愧的创造者。

一直以来，行事高调的温州人都被视作"土豪"的代表，但其实通过与海外的紧密联系，温州人是中国商帮里最洋气的一群人。

我把温州商帮的"特殊技能"归纳为一个字——炒。由于资源的匮乏、环境的封闭，也由于文化因素，造就了温州商帮鲜明的"炒"的特点。也正是由于这一特点，温州这座曾诞生了"浙南模式"的特色小城，现在已成为一座产业空心化的城市。从一定意义上说，是温州商帮自己掏空了自己的家乡。

三种温州人

"什么叫温州人？"我这样问自己。

有人说，其实有三种温州人——第一种是地域或籍贯概念上的温州人，第二种是旅居海外的温州人，另外一种是温州以外的温州人。这三种温州人合起来，就是我们通常讲的"一个温州人"。而这三种温州人做的生意、形成的商业文化和商帮的特点，共同构成了温商。

第一个地域或籍贯上的温州人不用多说，第二个海外的温州人，是说他们走得远。远到哪去了呢？之前媒体有一个报道说，非洲国家加蓬竞选总统，其中一位候选人让·平实际上已经当选了，但后来存有争议，又被赶下了台。有当地媒体采访这位总统候选人后，发现他的父亲竟然是温州人。这位温州人当年到非洲后娶了当地酋长的女儿，生下了如今意欲从政当总统的儿子。

在海外温州人里，这当然是个个案，但也说明了温州人敢往外跑的性格特点。

我还听过一个传说：意大利一个叫"白鹿协会"的温州人组织，被意大利警方当成黑社会抓捕审查。"白鹿协会"如果是杜撰，名字倒也有根有据——温州又名白鹿城。

在意大利，普拉托其实已经是一座在经济上被温州人"占领"的城市，一大群温州小老板收购了那里濒临破产的意大利企业，并雇用移民。但是很多非法移民经常捣乱，对当地社会造成危害，意大利警方却对此无能为力。

面对这些非法移民的高犯罪率，温州人的做法是自己组建自卫组织，驱逐威胁普拉托的一些非法移民。

这当然也是第二种温州人的一个极端的例子，但也同样说明了温州人的敢闯和不安分。至于第三种"温州以外的温州人"，例子就更多了——曾被称为"温州炒房团"的他们，在获利之余，也把家安在了大江南北。即便是普通的生意，足迹大多也遍及全国。

为什么会形成这样的特点? 有一位温州人很清楚，他就是浙江省社科联常务理事、著有《温州改革开放 30 年》一书的洪振宁教授。

在书中，洪教授写道：温州的发展跟其地域的闭塞有很大的关系。温州的地理特征是人口多，土地少，远离政治中心，山区面积大，沿海而且内部河流众多。这种地理特征对于创造商人的品格并形成商帮，有着非常重要的作用。

其实历史上温州人是不经商的，甚至是轻商重教的。在清末到民国年间，浙江省流行这样一句话："做生意靠宁波人，打官司靠绍兴人，读书靠温州人。"当时的宁波人生意遍天下，海内外到处是宁波会馆；打官司靠绍兴人，是因为绍兴师爷在中国幕僚界有压倒性的优势。那时候，温州人或许是浙江人里很不会做生意的。

温州人喜欢说"挣钱是因为以前穷怕了"，这充分说明了环境对温州人品格的影响和改造。

洪教授还分析了"第二种温州人"的产生过程。在温州以南有一座港口小镇——鳌江，温州人从那里启航，驾船往南到了厦门、福州，甚至新加坡；往北，到了上海、大连。通过水路，在 20 世纪二三十年代，温州与外界建立起了沟通，开始有了商业的萌芽。

到了 1946 年，温州开通了到台湾的轮船，有不少温州人南下台湾，往来的船员也把台湾的红糖、白糖带回了温州。那个阶段，温州的商业进一步繁荣，温州人也看到了外面世界的广阔。

盯着海外，盯着小钱

这些早期出去的温州老板有几个特点：第一是不讲究，所谓不讲究是因为苦。从社会底层出来的人，往世界各地跑，没法讲究，所以才有了"白天当老板，晚上睡地板"的说法。

温州人自己也经常会说"四千精神"——千山万水、千难万险、千方百计、千辛万苦。

但谁都不爱吃苦，温州人也一样。苦了怎么办？要勤于动脑，这也是为什么说"温州人头发是空心"的原因——他们的头发芯里装的是什么？是主意，是点子。

温州老板的另一个特点是机敏，总能抓住很多机会。在最近二十年里，带"炒"字的生意几乎都跟温州人有关——他们善于捕捉瞬间的利益机会，然后绞尽脑汁去获取最大利益。

这一点，洪振宁教授也非常清楚。

"到了改革开放时期，温州人把脸皮撕下来放在家里，人都跑到外面去做生意了。"那个年代，没有人看得起"投机倒把"的"生意人"，"但温州人实在没饭吃，被逼的"。

温州商人的第三个特点，是合作起来一起干。"人家是个拳头，温州人只是个指头，怎么办？他们就合指头为拳头，跟别人竞争。"洪教授说。这还不算什么，在竞争过程中，温州人还把对方的拳头"拆成零件"，这样的结果是自己变成了拳头，而对方却变成了指头。

把心思放在竞争对手身上，并抱团出击，而不是去拉关系、走后门，是温州商人的又一特点。

温州人的眼睛盯着温州以外的地方，对本地似乎不感兴趣。原因就在于温州本地市场并不大，机会也不多。

从历史上看，温州受中原传统文化影响比较弱，相对于我们经常讲到的徽商，温州商人与权力的距离比较远，在政商关系上很少犯错误，而且也不工于心计研究这些。他们的想法很简单，就是想怎么赚钱。

温州商人为了谋生走南闯北，把温州传统的小商品推销到全国各地，当时有十万供销员队伍。走南闯北干什么? 做手工艺，给人家弹棉花、理发、开小餐馆。温州人的商业哲学是："唯利是图"不足取，"微利是图"却能积少成多，是生财之道、赚钱之术。他们认为：生意场上的事情，看大而未必大，看小而未必小。温州人能挣大钱，也绝不嫌弃小钱。他们挣钱有时是按角、按分来计算的。

如果给温州商人贴个标签，那就是冒险性、外向性，同时又勇敢有毅力，能吃苦，能高能低。

温商怎么走，看看这两家本土企业

温州的经济要发展，温州的企业要发展，必须建立起现代的企业制度。在这方面，南存辉的正泰集团就是一个很好的典范。正泰集团始创于 1984 年，历经 33 年，由初创时期一个家庭作坊式的小工厂发展成为中国工业电器龙头企业和新能源领军企业。

南总是我的朋友，他在现代公司治理和家族传承两方面都做得很棒。

现代公司治理，一个最重要的因子就是股东权利，要明确股东权利和经理人的权利；另外还需要人力资本和货币资本之间有一个很好的配合。正泰通过三次资本变革，成为一个规范有序、责任清楚的股份制的企业集团。

我还记得南总三次对正泰的变革。第一次变革，他用家族"稀释"自己股权，通过招进 9 个家族成员入股，100 万元股金一下子从 100% 降到 40%；第二次变革，南存辉用社会资本"稀释"家族资本，他充分利用正泰的品牌优势，采用投资、控股或参股等多种灵活形式"招募"，先后吸引了 48 家企业进入正泰，南存辉的个人股权也被稀释到不足 30%；第三次变革，他大胆改革用人制度，敞开大门，广纳贤才，通过股权配送的方式留住高品质人才，将人才和企业的利益牢牢地联系在一起。正泰通过管理入股、技术入股、经营入股的方式，吸收了几十名"知本"型股东。

经过三次变革，正泰的股东增加到了现在的一百多个，逐步淡化了家族基因，让正泰变得更加社会化，也搭建了一个面向未来的资本和治理结构。

这三次变革始，终如一贯穿的是南存辉自身的愿景和价值观，以及他对事业的长远追求。所以，正泰现在发展得非常好。

另一个在温州本土发展得非常好的企业是奥康。奥康通过规范治理和集中精力做产业在 A 股上市，完全不同于温州传统的老企业，而是一个开放的、有竞争力的、有活力的现代公司治理企业。

奥康的老板王振滔是木匠出身，还做过销售，最初的奥康也和当时其他初创的温州企业一样，秉承着家族式的管理方式。转折出现在 2001 年，那一年春节前，王振滔宴请所有在奥康工作的亲戚，晓之以理，动之以情，将所有亲戚"赶"出了奥康，实现了去家族化管理。到 2012 年 4 月，奥康在上海证券交易所上市，标志着奥康已蜕变成了一家治理规范的现代公司。

从经验型、冒险型炒作的温州传统商帮，到以正泰和奥康为代表的"逆反传统"，进入一个实业，专注持续开放资本社会化，且治理现代化的有竞争性的行业领袖，这也正是温州商帮的希望所在。

当然，温州人很务实，生意可大可小——大，可以做到正泰、奥康那样的上市公司；小，可以小到纽扣、打火机。我们都知道温州在全国最有名的是小商品市场，里面包罗万象，都是各种小玩意儿，酒店配送的牙刷、圣诞树的挂件……这些千奇百怪的小商品使温州成为全中国最开放的地区之一，不比深圳差。

温商不以利小而不为，也不以利大而恐惧。这就是温州商帮留给我们的印象——敢于冒险，富于进取。

八卦温州：听音识关系

-

温州方言结构特殊。温州的语言系统，大致可以分为瓯语（温州话）、闽南话、蛮话和蛮讲，以及接近台州话的大荆话。另有一小部分人说金乡话、蒲壮话。此外还有讲畲客话、客家话的畲族人，以及说翁山话的极少数人。

相距只有三十多公里的温州城和瑞安城，虽然大多数人都讲温州话，口音却差别很大，语义也大有不同。再单说瑞安，出城没多远，口音就会变。因此对于温州人而言，彼此一开口，基本上可以确定对方的县、区，甚至精确到乡镇。

口音区别这么具体而微，造就了发达的熟人社会。你一亮口音，对方就打听你的社会关系。所以温州人格外追求树立口碑，积累信用。

网搭起来了，口碑和信用树立了，借钱融资也就容易了，因为失信的代价太高了，名声一垮，几乎是万劫不复。因此，温州人借钱、合作极有信誉感。

潮商
一盏工夫茶喝了 500 年

有潮水的地方就有潮汕人，有钱赚的地方就有潮汕商帮。

打开中国版图，潮汕地区只不过是我国东南沿海的一条狭小地带，由于偏居一隅，自古便被称为"省尾国角"。然而，就是这么一个"小角落"，诞生了大批极负盛名的商人群体。

潮汕商帮起源于明代，民国初出版的《清稗类钞》记述："潮人善经商，窭空之子，只身出洋，皮枕毡衾以外无长物。受雇数年，稍稍谋独立之业，再越数年，几无不作海外巨商矣。"

在潮汕商帮最为鼎盛的时期，香港股市 40% 的市值为潮汕人所有；在泰国，来自潮汕的人口曾高达五百多万人，掌控着泰国的主要经济命脉；在东南亚、欧美，当地华人首富也几乎全部来自潮汕……毫不夸张地说，散布在世界各地的潮汕人，是一个全球性的商业群体。

*   *   *

潮汕商帮是中国传统三大商帮之一，其渊源可追溯至明代甚而更早，但与已经日渐式微的晋商、徽商相比，潮商历久不衰，在世界范围内影响甚广。

潮汕商帮能辗转传承数百年，并且源远流长，背后的原因是什么？

我在潮汕商帮里面有不少"大哥"，他们特别抱团；而我知道的潮汕人都特别喜欢喝茶，尤其是那种一小盏一小盏的工夫茶。抱团和喝茶，两个看起来毫不相干的事儿，恰恰是潮汕商帮至今屹立商海潮头的原因——我把它们称为潮汕商人生财的两大法宝：抱团和不争。

"抱团"好理解，凡成大事者，莫不有同道相助；而"不争"，则是中国传统的处世哲学。林语堂在《风声鹤唳》中曾写到的"不争，乃大争；不争，则天下人与之不争"，就和《道德经》中的"以其不争，故天下莫能与之争"有异曲同工之妙。

潮汕人的"不争"

我是陕西人，陕西人做事慢，用西安话说叫"然"，就是含糊；而广东人直接，在生意上更是直接谈钱，他们只相信交易，不管多复杂的事都归结为一个数。但同处广东的潮汕人不这样——他们既不像陕西人那么"然"，也不像其他广东人那么直接。

原来和我们合作的一位揭阳[1]老板就是这样一个人。每次来北京，他都会招呼北京的朋友们聚一聚，来多少算多少，出手很大方。所以当时在北京的朋友都觉得这个老板特别好，每次人就来得越来越多。

我或许有些迂腐，总觉得又没什么事，还每次都跑过来喝那么多？于是，有一天我就问，哥们儿，你天天这么造，一晚上连吃带喝一两万块钱，也没见你做事儿啊？他说：冯哥，你别着急，我这样是赚钱的，赚得还不少。

"赚钱？你怎么赚？"我不解。

"一晚上就算 2 万，一年两百多天，全年满打满算也就五六百万。可我一个 5000 万的工程就 OK 了。"揭阳老板说。

1　　潮汕三市之一。

那时候，做工程的毛利都在 25% 到 30%，5000 万元的毛利就是一千三四百万元。他的确是赚钱，还是大钱。

这位揭阳老板，让我想到了前面提到的潮汕商人的与众不同——做生意时他们没那么直接，但也并不含糊。

"揭阳老板可以舍小钱赚大钱，别人做不到。"在我的朋友，世界华人协会常务副会长黎远看来，这便是潮汕商人的经商之道，"他们很会拿捏分寸。"

黎远说的这点，让我想起了另一个潮汕朋友。

那是一个有鲜明特征的人——每次和别人谈生意，他都带着一个装了 20 万港币的密码箱。生意谈好后，他会用脚把箱子踢给对方，这算订金。所以和他谈生意会觉得非常靠谱。后来我问他，为什么是 20 万港币？他说，如果你和别人做 200 万的生意，20 万就是 10%，作为订金已经很多了；而如果是 2000 万的，那就算一个 1% 的小订金。

"那如果什么都不做呢？"我问他。

他说，那就是朋友茶水钱。

"对，他先不着急谈生意，但是最终谈生意的时候几下就说完了。"黎远显然也看到了这点，潮汕人就像老朋友一样，在聊天当中轻描淡写把生意谈完了，"这叫和气生财。"

世事洞明皆学问，人情练达即文章。潮汕商人不管读书多少，都对人情世故非常清楚；特别是做生意，会先把人搞懂。

能读懂人的潮汕商人有一个特别大的优势——对交易的瞬间把握。就像前面提到的那位带着 20 万港币的潮汕老板，他的直觉特别好，在踢箱子的那一瞬间，把对方的心理拿捏得非常精准。

"他也知道不同时候出手的分量。比如答应给别人 5 万，但给了 5.5 万，对方肯定特别高兴；要是 4.5 万，对方就不会开心；要是 8 万，自己又亏了。"我说，"所以在交易中拿捏分寸特别重要。"

"我要 10 分是合理的，我也可以争取要 11 分，但我如果只要 8 分，就财源滚滚了。"黎远想起了李嘉诚的一句名言。

这是潮汕人的"不争"。

爱喝茶的"侠客"

潮汕人善喝茶，人生第一件事就是学会沏一杯正宗的工夫茶。那位带着 20 万元现金的潮汕老板说，即便生意没谈成，也会给对方"茶水钱"。

潮汕人喝茶也很有讲究，无论一起喝茶的有多少人，标准的茶具只设三个，摆成"品"字形，称为"茶三酒四"。

潮汕人这么爱喝茶，让我想到了一个问题。

"假定说来了十个人，有一个像你一样年轻的当地干部，还有一位六十多岁的老人家，是普通农民。你说，这个茶谁先喝？"我问黎远。

"这个问题问得非常好。"几乎不假思索，黎远给出了答案，"我估计这位老人会主动离开，来表示对干部的尊重。"

"你这还是权力本位思想，喝茶不能讲究这。"我笑着"批评"黎远。

在我看来，潮汕人喝茶的过程，实际上是一种人与人交往间的缓冲方式。有些事情如果一见面直说，就会很愣，或者说有些尴尬；而通过喝茶，可以慢慢地察言观色，知道高低尊卑，把位次搞清楚，把远近关系搞清楚，还能把人品搞清楚，接下来做事情就会比较有分寸了。

"这就跟谈恋爱一样，谈谈都是务虚，务实的事就一件。"我把潮汕人喝茶比作谈恋爱，"如果第一天见了，十年以后才上床，这叫'工夫爱'；如果一见面就直接办，这叫'流氓'。所以不能太猛了，要慢慢来。"

听到我这样类比，黎远也笑了，他建议我把这个观点写到下一本书里。

可潮汕人为什么爱喝茶？这要从潮汕所处的地理位置说起。

潮汕地区地处粤东沿海，主要由汕头、潮州、揭阳三个市组成，正是广东与福建的毗邻之地。潮汕北边是福建，乌龙茶的大本营；南边是港澳，普洱茶消费的集中地；而潮汕自身也是著名的粤式乌龙茶主产地，"凤凰单枞"就是本地茶。

潮汕揭，这块中国版图上的狭长地带，人多地少，他们只能靠山吃山，靠海吃海，所以潮汕人养成了爱喝茶的生活习惯。也铸就了他们坚韧不拔、敢想敢做的性格特点，更造就了潮汕商帮善于捕捉机会的商业思维。

"我有很多潮汕朋友，他们喜欢生孩子，觉得孩子多，未来就有前途。"黎远说，但是人口一多，在潮汕那么一个小地方，生存就出了大问题，"所以，他们唯一的出路就是向外走。"

有统计说，潮汕的年轻人分三部分：三分之一在本地，三分之一在全国，还有三分之一在海外，各个国家都有，南洋最多。

潮汕人下南洋，大约可以追溯到明清时期，甚至更早的时候。在明清史籍中记载的"海寇"，就是一类潮汕人。在那时，朝廷经常有"海禁"，所谓"海禁"，就是禁止民间私自出海通商，同时也限制外国商人前来本土通商。但潮汕人为了生存，不仅要冒海上风浪的风险，还要冒政策风险。这也就逐步形成了潮汕商人"胆大妄为"的商业品格。

有情有义，生意才长久

分散在外的潮汕人多了，就会抱团。

这和他们传统的宗族观念有关，也与他们相对封闭的语言体系有关。我经常去广东，发现潮州人之间用潮州话聊天的时候，语速特别快，既幽默也很好玩儿；但是一到北京就不行了，因为他们的舌头是卷的，到北京就得捋直了说。所以，抱团和语言表达的地域性有关。

我还听说，两个潮汕人靠嗅觉就可以相互辨别。这当然是一个玩笑，但潮汕村庄多为一姓创始祖是事实。他们经过一定时间繁衍生息，在一定地域建立村庄，再发展为村庄乡镇，保留了明确的氏族因素，成员之间互相支持帮助，负有连带的责任。

当然，分散在外地的潮汕人多了，也需要抱团。

早期走出去的潮汕人，一部分进入了上流社会，一部分稳定在中游，那在社会底层的怎么办？他们也要生存，于是就靠"大哥"来关照，靠一些冷僻的生意来维持自己的基本生活。这种社会形态，会影响到商人做生意时的思维。

潮汕人一旦进入了潮汕商圈，就会取得一些大佬的支持，连带着这一圈的人都会支持。这种文化，到今天仍然非常明显地存在着。

我看资料说，存在一个国际潮团联谊年会，是以海外潮人社团为对象的全球潮团联谊交流平台，其宗旨是联络同乡，促进联系。这个联谊会成立于1980年，由马来西亚潮州公会联合会首先倡议，于1981年11月19日在香港九龙举办首届年会，到今年已经是第21届了。至于举办地点，有中国香港和澳门、曼谷、吉隆坡、新加坡、巴黎、圣荷西……遍布全球。

我就参加过一个深圳的"同心会"，牵头大哥是潮州人。有一次，一个潮州老板跟另一个公司有些争议，"同心会"大哥便把我叫去说要"辩论"。

说"辩论"当然是开玩笑。那次"辩论"会上，坐了一圈大佬，我发现他们确实很抱团，而且抱团的意愿表达得非常直接、非常强烈。

"通过抱团，也就形成了一个链条，在这个链条上的每一个人都相互尊重。"我顿了一下，想到了黎远说的潮汕工夫茶，"这有点像你讲的工夫茶，我让你一下，你敬我一下，彼此感觉舒服了，我们就可以做持续的交易。如果链条断了，交易也就不可持续了。"

"潮汕商帮在交易当中是把情义前置的，他们觉得情义比做生意还要重要。如果生意伤害到了这份情义，就宁愿不做。"黎远说，所以潮汕商帮的生意越做越久，越做越大。

除了抱团，潮汕商人还有一个特质——对财富毫不讳言。他们喜欢露富，把财富拿来消费。

我在阿拉善 SEE 生态协会[1]做主席时，曾邀请一位潮州的大哥参加。他说："仑哥，好，我到时候开三架飞机过来，把他们都拉过来。"

开三架飞机？那得多少碳排放，太不环保了。我告诉他，"一架就可以了"。

他果然说到做到，包了一架飞机，带上二十几位企业家来到阿拉善。这让我很感动，但他表达这份公益心的方式的确很豪迈。从另一个角度，这也说明了潮汕商人的抱团。

冯言冯语："让"而生财，"聚"而生财

-

汕头、潮州、深圳，广东这一带的改革开放走得很快，这些生意人拎着箱子到处跑，以至今天那些潮汕的新型企业家，比如马化腾，都给我们带来了非常强烈的印象。

潮汕商人敢冒险、胆大，富贵险中求，哪怕是十死九伤也敢

---

1   民间环保组织，由近百名企业家在 2004 年发起成立。

一往无前，这种劲头确实让人钦佩。

潮汕商人善于交易，交易的总原则是"让而不争"，用工夫茶这样的方式慢慢与人交往，最后开个数，这个数总是让你有惊喜。在潮汕文化当中，"让"是一个交易法则，来获取下一次交易的机会，这是潮州人特别聪明的地方。

其实读懂人是很难的事。另一件很难的事儿，是"把别人的钱装在自己口袋里，把你的想法装在别人脑袋里"，潮汕人永远做第一件事——把别人的钱全装进自己的口袋。

潮汕商人还特别抱团，其实就是互相之间的资源互补、能力互补和机会互补，乃至形成了一个内部市场及内部人才的激励机制。这种方法使潮汕的企业和企业家能够在最近几十年里迅速崛起，成为中国经济发展中一道耀眼的风景线。

八卦潮商：这些商业翘楚都是潮汕人

潮汕商人有多富，影响力有多大？据不完全统计，共有 10 位潮汕商人登上了《2019 胡润全球富豪榜》，这 10 位潮汕商人的财富合计将近 9000 亿元人民币，超过了 2018 年西安市的 GDP。

（根据《2019 胡润全球富豪榜》及公开资料整理，财富单位：亿元人民币）

排名	姓名	财富	公司	出生时间	籍贯	行业
24	马化腾	2550	腾讯	1971 年	汕头潮南	互联网服务
29	李嘉诚	2000	长江实业	1928 年	潮州潮安	房地产、能源、投资
57	苏旭明	1150	泰国酿酒	1944 年	汕头澄海	食品饮料
66	刘銮雄家族	1100	华人置业	1951 年	潮州潮安	房地产、投资
88	姚振华	950	宝能	1970 年	潮汕	投资、房地产
490	朱鼎健家族	300	观澜湖	1974 年	潮州饶平	房地产
531	朱孟依家族	285	合生创展	1959 年	梅州丰顺	房地产、投资
961	谢国民家族	175	正大食品	1939 年	汕头澄海	食品饮料
1347	李智正	130	大城银行	1926 年	汕头澄海	金融服务
1903	蔡东青家族	90	奥飞动漫	1969 年	汕头澄海	动漫

人物简介

腾讯主要创始人之一，现担任腾讯控股董事会主席兼首席执行官。1998 年注册成立深圳市腾讯计算机系统有限公司，把一个 SNS 聊天工具打造成不可或缺的 QQ，将腾讯变成了互联网商业帝国。

长江实业（集团）有限公司及和记黄埔有限公司董事局主席。1958 年开始投资地产。1979 年购入老牌英资商行和记黄埔，成为首位收购英资商行的华人。

泰国酿酒业巨子，目前拥有 Sura-Makeras 和 Sura-Thrp 两家泰国最大的酿酒厂及集团。

1974 年加入其家族的吊扇制造业务，获"风扇刘"之绰号。公司自 1985 年迅速崛起，现已发展成为拥有 4 家上市公司的综合性大集团，业务扩及地产、传媒、建筑及制造业等方面。

深圳市宝能投资集团董事长，早年靠卖蔬菜起家。几十年间，将其掌舵的"宝能系"发展成集地产、保险、物流、投资、教育、医疗、农业等众多产业的庞大而神秘的商业帝国。2015 年因与万科的股权之争而一战成名。

现任香港观澜湖集团主席，世界规模最大的观澜湖高尔夫球会主席。

合生创展集团有限公司董事局主席。1992 年与张荣芳、陆维玑夫妇一起在香港创办合生创展集团。

现任泰国正大国际集团董事长，并为卜蜂国际集团主要股东。经济刊物《亚洲金融》在 1988 年称谢国民是"亚洲最杰出的企业家"。

泰国第六大商业银行大城银行主席。

现任广东奥迪玩具实业有限公司董事长兼总经理、广东省和中国玩具协会常务理事，动漫玩具领域唯一上榜的华人富豪。

商帮系列结语:
中国企业家需要后 MBA 教育

中国历史上曾出现过十大传统商帮,徽商、晋商、潮商、浙商……这些极具地域特点的商帮曾在中国商业文明的历史进程中创造了一个个商业奇迹。

其实,所有这些商帮,都是生活方式、组织方式、人才吸纳方式,以及进取方式相结合的一种商业组织,从而形成了他们的竞争优势,在历史上都发挥过很大的作用。

但这还不够。在现代开放的市场经济下,更开放、更全球化的生意机会到来的时候,这些传统商帮还有进一步发展和提升的空间,即共同聚焦于现代企业家的精神,形成有利于企业家生长的法制环境,让企业家的创新能力、创新思维、创新模式能够很好地发展。

在这样一个背景下，我们也看到一个特别有意思的事情——后 MBA 教育的兴起。此前在中国经济快速发展的过程中，客观地说，是模仿多于创新。这期间的商业教育、商业文化大部分源于两个方面：一个是我们讲的传统商帮的文化，另一个是通过商学院引进西方商业上非常初级的一些知识，这些知识通常只是停留在"术"层面上，比如怎么做品牌、怎么做并购、怎么做融资。这些教育和文化，我们统称为 MBA 教育。

现在兴起了很多私学，就是以企业家个人，包括企业本身为号召的商业教育。这些 MBA 教育共同的特点是不以营利为目的，他们以企业家和企业的价值观为导向，把他们个人或企业独特的商业智慧传授给新一代的企业家。这样不断积累，将形成中国特色的管理理论、管理学说、管理文化和新的具有全球格局的中国企业家思维。

我们说，在目前商业形态急剧变化的阶段，原有的商帮文化是应对不了的。我们还需要后 MBA 教育提供的中国气派的商业文明、商业智慧、商业理念和商业武器，让我们的企业家有更好的发展。

附录

开心麻花

如果"麻花"不再开心，你还能看什么

"王多鱼费了一个多月劲儿才花完的 10 个亿，电影上映 4 天就给挣回来了！"

上映第一天 2.22 亿元，第二天 2.67 亿元……在这之后，仅仅用了 10 天的时间，2018 年上映的喜剧《西虹市首富》的票房就飙升至 19 亿元！

从 2015 年《夏洛特烦恼》的 14.41 亿元，到 2016 年《驴得水》的 1.7 亿元，再到 2017 年《羞羞的铁拳》的 22 亿元和 2018 年《李茶的姑妈》的 6.04 亿元……以舞台剧起家的"开心麻花"成为国内电影市场最大的黑马。

不过，成也电影，败也电影。在经历了因电影而受资本市场追捧，登陆新三板、估值一度高达 54 亿元的高点后，开心麻花却因业务模式单一造成的不确定预期和电影市场整体走软，被迫在 2019 年 3 月做出了退市的决定。

虽然退市在当前的资本市场已成为常态，但对开心麻花来说也是个不小的打击。远离了资本市场后的"麻花"，还能让自己和观众开心起来吗？

*　　　　*　　　　*

"欢迎，欢迎……"走进开心麻花上海办公室，汪海刚迎了出来。

作为开心麻花副总裁、上海公司总经理，汪海刚 2014 年就来到了上海。在那一年，开心麻花在上海市场的演出场次仅有 79 场，而到 2017 年这一数字已上升至 417 场，加上江浙等周边地区的演出量，开心麻花在长三角地区这一年的演出场次将近 500 场。

在办公区的一整面墙上，挂满了开心麻花这几年在上海的演出剧照。"这是从伦敦西区引进的儿童音乐剧，这是和腾讯合作的《我叫白小飞》，这部《乌龙山伯爵》从 2012 年演到现在应该有 2000 场了……"站在剧照墙前，汪海刚如数家珍。

开心麻花是在 2003 年成立的，推出的首部话剧叫《想吃麻花现给你拧》，盘点调侃了年度热点事件、搞笑段子，表演形式融合相声、舞蹈、魔术等。这一"大杂烩""野路子"的话剧作品，迅速俘获了年轻观众的喜爱，开心麻花也从充斥严肃题材的话剧市场中脱颖而出，年底就吸引了一些大品牌前来包场。"开心麻花"的公司称谓，也由此而来。

"开心麻花有两个精准方向，一个是贴近互联网的传播规律和发展方向，另一个是贴近年轻观众的精神需求。"北京大学教授张颐武就曾公开表示，除了北京人艺、国家话剧院，开心麻花是中国话剧十年来硕果仅存的优秀品牌。

从2009年起，开心麻花在天津、上海、深圳等12座城市开设子公司，北京总部负责剧目创作、打样，各地的子公司因地制宜复制演出，形成完整的工业流水线内容生产。汪海刚就是在这一背景下来到上海的。

舞台剧演得多了，自然积淀和诞生了不少IP作品，2014年，开心麻花萌发了进军影视业的想法。这一年，开心麻花的第一部电影《夏洛特烦恼》进入了项目筹备阶段。令开心麻花没想到的是，在项目初期，就吸引了一家国字号的文化产业基金的入股。

开心麻花也没有让"金主爸爸"失望，《夏洛特烦恼》最终成为2015年国庆档电影市场最大黑马，拿下14.41亿元票房，占开心麻花2015年全年营收的51.8%，净利润超过1.3亿元，同比增长 243.12%。

一炮而红后，开心麻花顺势而为，在 2015 年 12 月 29 日登陆新三板。随后一周内，又经历两轮定增，估值从 3 亿元迅速增长到 51.8 亿元，成为新三板的明星股。

然而，爆红的开心麻花在 2019 年 3 月发布了退市公告。这多少印证了我曾和汪海刚说过的那句话——电影市场爆发力强，但存在"天花板"；剧场消费增长缓慢，却空间巨大。

从 2003 年发展至今，开心麻花已经成为年轻人心中"喜剧"的代名词。但无论是未来的电影，还是回归老本行舞台剧，开心麻花背后的商业逻辑还是值得业界细细挖掘品味的。

本土原创才有生命力

离开开心麻花的办公区，我和汪海刚来到了一处排练现场。那里正在进行爆笑舞台剧《我叫白小飞》[1] 的彩排。

在刚到开心麻花办公室时，汪海刚就曾向我介绍过这部即将上演的剧目。"这是我们的第一次尝试，和腾讯影业达成了战

1　改编自腾讯动漫签约作家七度鱼的漫画《尸兄》。

略合作，共同把动漫搬上舞台。"

2013 年，《尸兄》被改编成了动画，到开心麻花和腾讯联手进行第二次改编前，总点击量已突破了 100 亿次，是名副其实的国漫超人气 IP。

登上舞台后，《我叫白小飞》几乎一夜爆红，在道略演艺公布的"2016 新创大剧场话剧票房十强"中，《我叫白小飞》与《白鹿原》《盗墓笔记外传》，以及开心麻花其他热门剧目一同成为当年票房十强。

这也催生了 2016 年成立的开心麻花战略合作中心。这一中心负责开心麻花的商务营销及跨界项目的开发和运营，目前正与腾讯筹划第二次合作，计划将国产热门手游《王者荣耀》做成系列戏剧产品。未来，以战略合作的方式对跨界 IP 进行包括商业空间演艺、舞台剧乃至网剧、电影的二次产品开发，也许会成为开心麻花营收的又一个增长亮点。

不过，在很长一段时间里，开心麻花剧目创作的重点都是原创。

"原创当然更本土化，和观众的互动效果也更好，但是现在也有很多引进剧。你们采取的是什么模式？"坐在《我叫白小飞》彩排现场的观众席，我尽量压低了声音问。

"开心麻花是一个原创机构，纯粹引进的事我们基本上不太愿意做。"汪海刚回答得很坦率。按照他的说法，舞台剧行业目前大致存在三种业态：第一种是原创，相当于研发、生产、制造；第二种是做贸易，就是从国外引进；第三种是做剧场，即作为业主方收取演出场地租金。

"每一种生存方式都有自己的基因，对开心麻花来说，做好原创内容是我们的基因。"汪海刚说，"百老汇音乐剧《狮子王》连演了 21 年，演出票房收入早已超过当时的电影票房收入。夯实演出运营的根本逻辑在于场次的增加和时间的积累。"

到现在，开心麻花一共排演了 24 部原创话剧[1]，绝大多数都取得了成功。汪海刚说："开心麻花所定义的创作团队是将编剧、导演和演员三大角色相互击穿的混合战队。"

与北京人艺等国有老牌机构的创作模式[2]不同，汪海刚口中的"相互击穿"模式让编剧可以是导演，演员也可以是编剧。例如《夏洛特烦恼》的编剧兼导演闫非本是舞台剧演员，而沈腾是开心麻花的台柱子，也曾以导演身份执导了《上贼船》等喜剧作品。

开心麻花的创意表演团队如今有 200 多名签约艺人，其中

1　据开心麻花官网。
2　即由编剧撰写或改编剧本，导演进行编排，再挑选演员。

不少都是既能演戏又能编创的多面手。用汪海刚的话说，只种一棵桃树，未必每次都会结出大桃；但种了一片桃林，结出大桃的可能性就很大。

"比如刚才咱们说到《狮子王》，还有百老汇的《剧院魅影》《悲惨世界》都特别好，但已经有人引进了，我们就不去做了。"汪海刚一面盯着舞台，一面继续阐述着开心麻花的内容生产模式，"但我们可能会和伦敦西区[1]去谈引进《三只小猪》。我们付给人家版权费，但引进国内后肯定会进行本土化的改编。"

"还是要本土原创。"汪海刚的介绍更印证了我的判断，"一般来说，全世界各国的文化产品、文化消费还是以本土文化为主。这是文化产品的一大特点。"

冯仑生意经

-

我记得一组数据：2015 年，整个中国专业剧场的演出场次一共是 8.4 万场，票房 146 亿元；电影市场的票房 441 亿元，大约是剧场票房的三倍。2017 年，这两个数字分别是 9.3 万场和 177

1　英国戏剧界的代名词，与纽约百老汇齐名，是世界两大戏剧中心之一。

亿元，电影市场票房 559 亿元。虽然电影市场票房同为演出市场的三倍左右，但在 2015 年之前，剧场演出远低于目前这一规模。

电影市场的特点是爆发力强，但到了一定阶段便遇到了天花板，票房增长会很乏力。2018 年，全国电影市场的票房不过 609 亿元，年增速仅为 9.1%，是五年来首次回落至个位数。

而剧场消费和电影不同，是一种长效的消费行为，虽然票房增长缓慢，却极具持续性，并且最终很可能超过电影市场的规模。这是演出市场很有趣的一个特点。

剧场演出的另一个特点是消费以本土文化为主。就像开心麻花一样，它一定是本土化的一种原创，然后才能从情感上、价值观上打动人。

为一二线市场观众而生的喜剧

"白小飞! 你别吓唬我! 你疯了吗?"

"我好恨你，好恨你的鬼。"

"你吐出来!"

舞台上，彩排中《我叫白小飞》里的女主角看到"白小飞"吞下一大瓶"安眠药"后，歇斯底里地喊叫着。

此时，女主接过"白小飞"递过的瓶子一看，抖出了包袱——

"益达?！你吓唬谁呀?"

这一幕，逗乐了坐在台下的我和汪海刚。

"开心麻花是一个专业的戏剧制作机构，喜剧是它的底座，我们是一个以喜剧内容为核心进行垂直整合的平台。"汪海刚把开心麻花的定位解释得很精准，"如果不是本土化的喜剧，就很难和观众产生共鸣。"

为了印证这一点，汪海刚说起了他听到的一个韩国制作公司老总的观点。这位老总称：全世界的喜剧，各国有各国的笑点，但悲剧的点都差不多。所以，这家韩国公司从欧洲引进的音乐剧大多为悲剧。

"这事儿挺有意思。就是说，你要打动人、让人悲，大体上比如爹死娘嫁人这事都是悲剧。"听到这个观点，我不由得笑了。

"你笑，我不一定笑；但哭，是一样的。"汪海刚说。

"喜剧和悲剧的差别比较大，这一点对引进剧来说特别重要。"汪海刚提到的这一细节，让我想到了刚才说起的引进剧，由此，我也想到了不同类型戏剧的市场占有率，"细分下来的话，像《白鹿原》这种比较悲喜剧并偏主旋律的正剧，或者纯粹的喜剧，哪一个市场份额最大?"

"喜剧应该能占一半以上。"看着台上的彩排，汪海刚说，观众看戏的动机并不相同，对开心麻花来说，就是为了寻得一份开心，"这和电影不一样，因为舞台剧是真人演的，没有后期制作。"

　　在到目前为止开心麻花排演的 24 部舞台剧中，绝大多数属于喜剧；而在其官网中，开心麻花更是和喜剧风格画上了等号。但喜剧并不等于"三俗"，也不是单纯为了博观众一笑。

　　按照开心麻花的标准，一个"有神"的喜剧作品应该包含三大特点：一个富有创意、令人眼前一亮的故事；语言台词要跟当下的社会发展有较强关联，形成真正的笑点与包袱；张弛有度的节奏，优秀的舞台喜剧在于故事发展的节奏把控和掌握抖包袱的时机。

　　作为语言类为主的舞台剧，台词和社会的关联度密不可分，特别是互联网的发展带来的网络语言和各类段子的诞生。从这个层面不难得出一个结论——开心麻花类的喜剧的受众将主要在一、二线城市，毕竟，来源于生活、提炼于网络的喜剧类演出，更容易和一、二线城市的观众形成共鸣。

　　"说到剧院这种文化，全世界还真的都是一线城市、核心城市在看。"汪海刚印证了我的判断。

　　内容是决定因子之一，另一个是经济因素。

"电影这几年一个很有趣的现象就是，二、三线城市的年轻人成为电影票房的主体。那么话剧会不会出现这种情况？"我问。

"很难，这是一个经济因素，毕竟话剧是一个手工打造的产品，它的票价起码是电影的三倍。"汪海刚抬眼看了眼台上全情投入的演员，说道，"全世界看也是这样，大体上是这样一个规律。"

"另外话剧可能对观众的欣赏水平、欣赏素养要求比较高？"我试探着问。

"没错，相比电影，舞台剧还是偏小众的。"汪给出了确定的答复。

其实，开心麻花在创立初期就确定了以剧场为舞台剧传播的"暖渠道"。所谓暖渠道，指的是商品的主流销售通路，比如日用品的暖渠道就是大型卖场超市。而对于舞台剧来说，进入白领云集的一、二线城市的剧场，就如同进入了一个面向大众的暖渠道，看中的是渠道所带来的目标人群。

冯仑生意经

一

如果说，在哭这件事儿上全世界的泪点大致是相同的话，那么笑就有各自的笑法了。所以，从喜剧市场入手，从笑点的经营入手，实际上是本土化的文化企业，特别是像开心麻花这样的剧场生产企业特别有竞争优势的所在。

这里，又提到了本土化的原创。就喜剧而言，由于文化差异的存在，中国人很难理解西方式的幽默；反之，西方人也很难明白中国式含蓄之中引而不发的各类包袱。如此种种，更造成了中西方喜剧间的巨大差异。做到了本土化原创，也就在一定程度上抓住了中国观众的笑点。

开心麻花提供的运营模式非常有意思，他们以原创为主，以一、二线城市，特别是一线城市的剧场演出为主。同时开发出一部分转化出来的IP，比如电影《夏洛特烦恼》等；开心麻花还转化出一些周边产品的开发。这样，便保持了开心麻花在戏剧演出市场的领先性和持续的竞争力。

但是，由话剧IP转化出来的电影，在一定程度上成就了开心麻花的事业顶峰，也在一定程度上让开心麻花跌入了谷底。关于开心麻花利用电影进行的资本化运作，这是另外一个话题，在后面还会提到。

电影，想说爱你不容易

离开了正在彩排的《我是白小飞》，汪海刚带我去了开心麻花的另一个排练厅，开心麻花的另一部改编自鲁迅的《狂人日记》的肢体剧《狂人》正在里面选拔演员。

"这是我们的一个工作坊，'导演'来自北京。"汪海刚简单介绍了情况后，便和我一起站在一旁观看起了排练。

正如前面提到的"相互击穿"模式，在开心麻花，没有绝对意义上的导演——在这里编剧可以是导演，演员也可以是编剧。

"影视从业人员，特别是明星，现在的收入普遍都不错，但舞台剧演员变成爆火明星的机会好像并不多？"站在排练厅，我发现了这一有趣的现象。

"非常少。"汪海刚实话实说，"做舞台剧的有句话，'有理想的都做舞台剧了，挣快钱的都去做影视了'。"

不过，我与汪海刚的这段对话在三年后被证明是一个错误——在先后涉足影视业后，开心麻花的沈腾、马丽等成了炙手可热的一线明星；而开心麻花工作坊式的人才培养方式，也让其在影视业的投入成本越来越高。开心麻花在2019年做出退市决定时便宣称，"为提高经营决策效率，降低公司运营成本，拟向全国中小企业股份转让系统（新三板）申请公司股票终止挂牌。"

以 2015 年的《夏洛特烦恼》为标志，开心麻花开始涉足影视业。与绝大多数改编自从未登上舞台的电影剧本不同，开心麻花的电影大多来自舞台剧，多次演出后才拍为电影，如同互联网行业中的"产品试错与迭代"的概念。

通过小步试错和快速迭代，剧本中的笑点得以不断打磨优化来迎合观众，这是开心麻花电影部部都能成为爆款的优势所在。2018 年的《西虹市首富》就是很好的一个例子。

不过，在到目前开心麻花参与投拍的所有 6 部电影里，基本毁誉参半，不仅有票房不及预期的《驴得水》，也有虽然票房不错但口碑欠佳的《羞羞的铁拳》。到了 2019 年 3 月，艾伦主演的喜剧电影《人间·喜剧》上映，不仅票房跌到了冰点，也让开心麻花的资本之路走到了尽头。

有趣的是，由于艾伦、王智因《夏洛特烦恼》成名，且《人间·喜剧》自带开心麻花惯使的小人物逆袭风格，尽管片方强调电影没有开心麻花的参与，但豆瓣网友仍然将烂片原罪安在开心麻花的头上。

这不得不再次提到开心麻花的用人机制——工作坊。

从开心麻花登陆新三板后历年的财报上不难看出，开心麻花的核心员工人数一直都是零。虽然是开心麻花的签约演员，沈腾、马丽、艾伦等人都是公司元老，但一直没有占有公司任何股权。在开心麻花 2017 年初 IPO 招股书披露的股东名单上，也没有出现沈腾、马丽、艾伦等人的名字。

就在开心麻花启动 IPO 的前一年，沈腾、马丽、艾伦、常远先后成立工作坊，占据开心麻花财报采购支出费用的前四位，用于发展艺人经纪业务，但这项高额花费并没有得到市场回馈。

据 2018 年上半年财报显示，开心麻花营业收入 3.41 亿元，艺人经纪板块收入 1.43 亿元，相比于 2017 年同期增长 362.21%，然而，艺人营收的毛利率不足 8%，导致整个上半年的净利润只有 4345 万元。

很难说，开心麻花内部居高不下的成本是其退市的全部原因，但毫无疑问，进军影视业后头部演员的身价倍增肯定是原因之一。

冯仑生意经

-

记得在《狂人》演员选拔现场，汪海刚说，前几年流行过一段时间"明星版"的舞台剧，就是影视明星回来演舞台剧。但有两个操作上的问题：第一，明星的档期无法保障；第二，观众对明星们的"审美疲劳"。

当然，汪海刚说这番话时，开心麻花还没有经历电影市场的大起大落，更没有在资本市场呛过水。现在看来，开心麻花虽然没有主动打造"明星版"的舞台剧（包括电影），但在如何运用明星演员上，开心麻花确实也显得力不从心。正如招股书所言：开心麻花旗下现有沈腾、马丽、艾伦、常远等功勋演员，但由于其业务开展主要靠喜剧人才团队建设为保障，在培养较大规模的专业人才团队过程中，可能面临人才流失，特别是功勋演员流失，容易对公司持续经营造成不利影响。

不过也正如汪海刚所说的，一个成熟的戏剧市场，大家最后真正所关注的还是内容到底好不好看。虽然开心麻花并未言及彻底退出电影市场，但回归戏剧市场主业，或许是一个不错的选择——手工制品和工业品毕竟是有差别的。

对开心麻花来说，手工制品的戏剧市场就是他们的核心竞争力。哪怕有一时的人才流失，开心麻花凭借其十多年舞台剧的积淀和人才培养机制，也会培养出新的头部演员。构建、发挥自己的核心竞争力，对开心麻花如此，对其他企业也是如此。

回到剧场，或许是最好的归宿

时至今日，舞台剧仍是一门微利生意。中国尚未形成类似于欧美百老汇那样成熟的经营体系，从体量上看，仍属于小众范畴。

这是中国现阶段戏剧市场的一个事实。"我不知道有没有一个数字，在伦敦或者纽约每一万人当中，每年到剧场看演出的比例是多少？"我问汪海刚。

"这倒没有特别的数据，但比如百老汇这样的音乐剧高地，观看演出的游客基本占据了观众总数的一半以上。"汪海刚如实回答说。

"那是否可以重点开发剧院的游客市场？"百老汇的数字给了我启发。

"对，现在是有类似开发游客市场的项目，但我觉得并不容易。"汪海刚道出了他的担心——这一在业内被称为"驻演"的演出业态，在当下的整个中国演出市场并不存在。

所谓驻演，从字面上理解，就是驻扎在一地的固定演出。在伦敦、在纽约、在拉斯维加斯，驻演已成为当地吸引游客的一种重要形式。比如在纽约的百老汇，一部驻演时间最长的音乐剧《狮子王》，2014 年的票房收入就高达 19.5 亿美元，这还不包括授权及周边产品的销售。

"一是缺乏精品剧目，二是目前观众更接受小剧场的演出形式。"汪海刚坦言，如果把开发旅游市场当作一门生意，那真正的模式只有驻演。

汪海刚所说的小剧场模式近年来正慢慢兴起，其优势在于投入成本低，不足之处也显而易见：能容纳的观众只有大剧场的十分之一。一般情况下，一部舞台剧要演出百场左右才能有较好的收益。

"在西方，剧场大部分都归私人或演出集团所有，比如尼德伦[1]、舒伯特等旗下就有若干剧场。"汪海刚说。

这在一定程度上又给了我启发："剧场或许可以作为商业不动产的一种经营方式。比如和你们配合，在房地产项目开发前期为开心麻花定制一些剧场。"

"这的确是一种趋势。"汪海刚提到了开心麻花上海公司所在地的保利大剧院。虽然据说耗资 7 亿元的这一剧院并不盈利，但它的存在，带动了周边商业项目的增值。

这显然对尚在小众市场上升通道中的戏剧表演机构是个不错的消息——良好的剧场配套设施，给了开心麻花们更好的表

1　　拥有百老汇 9 家音乐剧剧场的美国著名娱乐公司。

演舞台。

另一个对戏剧市场的利好消息来自政府补贴。

汪海刚说，政府的补贴来自两个维度：第一，对原创剧目进行的前端补贴；第二，从剧院端给予的"惠民补贴"，即对演出票价给予补贴，以吸引更多观众走进剧场。政府补贴的资金也来自两方面：一个是演出行业协会，另一个是文化产业发展基金。

这让我想到了开心麻花登陆新三板前的融资，其中之一的资方就是中国文化产业投资基金，拿下了当时正在筹拍的《夏洛特烦恼》的15%股权。

虽然在电影行业暂时铩羽而归，但这对开心麻花未必是件坏事。或许见过了外面世界的开心麻花回归到剧场，才是汪海刚他们最好的归宿。

冯仑生意经

-

其实不仅仅是保利大剧院，以汪海刚所在的上海开心麻花为例，上海市正以各种合作方式进行剧场文化建设。通过剧场的建立，带动周围商圈的发展，剧场群这一概念正逐渐进入上海这座都市的规划视野。

徐汇区的商圈升级改造计划就首次将赖声川的上剧场搬到了美罗城商场内；静安区的现代戏剧谷更是通过房屋补贴等方式，吸引了孟京辉、谭盾、赵志刚、赖声川和林奕华等众多名家工作室入驻。可以预见，随着政府配套设施的健全，以及像开心麻花这类演出团体对舞台剧演出主业的坚持，戏剧这一文化形式的体量，最终会比肩电影市场。

其中的商机不可谓不大。

冯言冯语：戏剧文化是中国文化的重要发展形式

从开心麻花的经历，我们看到了在中国未来的消费升级过程当中文化这样一个大市场、大产业的前景。通过政府的扶持、良好的运营机制和一批像汪海刚一样的成熟的职业经理人，此前不被重视的戏剧这一演出市场，这些年也取得了不小的发展，培养了一大批非常成熟的观众群体。

我相信，对于中华民族整体上的复兴、主体上的文化自信，以及创造更有梦想的下一代来说，戏剧是一个非常有益的文化形式。对像开心麻花这样积极进取的民间的运营者，应该给予更多的关注，特别应该给他们加油。

建川博物馆
把不挣钱的事情做成产业

　　地产界的大佬太多了，王石、潘石屹、王健林……当然，还有冯仑。可要说地产界的"败家子"，那非樊建川莫属。

　　当过知青、守过边疆、干过教师、做过市长的他，将从商后赚得的几十亿元资产和全部心血，砸进了一个占地五百亩的"民间博物馆聚落"，并决意身后将其全部捐赠给国家。

　　很多人都说他"傻""疯"，但他一直很沉醉于"为博物馆而死才是人生的幸福"这一信条。

　　　　　　　＊　　　　　　＊　　　　　　＊

　　樊建川也爱玩儿微博。

　　在微博上，他曾写道："冯仑见我就说：你一穿上西装，就不是樊建川了。"

一定程度上，这话没错——和我一样剃着光头的樊建川，给我的印象是健谈、睿智，甚至有些"痞"。

其实在采访他之前，我对建川虽有耳闻，也曾去过他的博物馆，但和他并不相熟。直到 2017 年夏天，我和他相对而坐在摄像机前，才有了一次长达一个多小时的对话。也正是通过这次对话，让我了解了樊建川，了解了他所从事的博物馆事业，从中悟出了一些人生的道理。

博物馆就是没有行动力的"孩子"

"我前一段老看你的微博，说最近建川博物馆发展得特别快。现在已经开了快 30 个了？"见到樊建川，话题自然从他的博物馆谈起。

"有 40 个了，今年（2017 年）就开了 13 个。"樊建川轻描淡写，"我的目标是 100 个。"

对樊建川，我多少是有些了解的。那是十多年前，我第一次从杂志上知道了四川地产界有一位开博物馆的"疯子"。为这，我还"偷"着去过两次。

当我说起这段往事，坐在我对面的樊建川露出了率真的一面，"你早告诉我多好，我茅台都准备好了！"

"民间博物馆现在在国内成长很快，已经有五千多家了吧？但你是国内民间博物馆的'鼻祖'，有很多独到的地方。"开过玩笑，我言归正传，"你是怎么想起来去折腾这么多博物馆的？"

"1966 年，我 9 岁时就开始收藏了。"我这一问，把时间拉回到了半个多世纪前。

"我不知道我为什么有这种癖好。"樊说的癖好，就是那种收藏旧物的"恋物癖"，"见到旧物件眼睛就亮，看到新的却没感觉。"

樊建川虽说很早就走上了收藏之路，但真正开始投身博物馆业，是在成为一名成功的房地产企业家后，并且一干就是 15 年。

"我知道你在 20 世纪 90 年代初做房地产就很成功了，后来是把房地产全都卖了，但为什么去（四川省大邑县）安仁做博物馆？"我问。

"当时不是有点钱嘛，最多的时候账上放了二十多亿元现金，就想干点儿什么。"樊建川说起了博物馆落户安仁镇的经历。

在决定投资博物馆时，樊建川最初的想法是在北京、上海或者重庆。但这三座城市都拒绝了他。走投无路之时，樊建川想到了自己名字里的"川"字——"得在'川'里搞"。

"正好大邑县要拍卖 500 亩土地，当时我就想，博物馆其实就是个'孩子'，它没有行动力的。"

"博物馆不能挣钱，光花钱。"对博物馆的运营，我多少知道一些。

2017 年，中央财政下达公益性文化设施的补助资金为 51.15 亿元；十年来，中央财政累计补助资金 407 亿元，但这其中补贴给民营博物馆的资金少之又少。民营博物馆的生存状况可想而知。

樊人凡理：背包要舍得扔

我父亲说，一个人一辈子就两件东西：第一，有一条命。命是拿来拼的，要舍得。他说，我们打仗的时候往上冲，冲在前面的人死不了，不冲却有可能被流弹打死。所以，你要舍得拼命。

第二件东西，就是有一个背包，背包你也要舍得扔。当兵的人都有一个背包，里面有一个牙缸、一身衣服，或者一封家书、一纸奖状和几块钱的津贴。但打仗的时候不能背着背包冲锋、拼刺刀，背包就得扔了。

所以，我父亲的全部资产就是一个背包。我这个博物馆后来估值 80 个亿也好、100 个亿也好，你说它有多重呢? 也没多重，就跟我父亲的背包一样重。

为了养活"孩子"去卖艺

在安仁以招拍挂方式拿地建馆的樊建川，显然在建馆初期也遇到了这样的困境。

"我一天的花费就是十万块钱啊!"说起博物馆的经营，樊建川一下提高了嗓门。

建川博物馆有 500 名员工，加上社保、水电和安保等费用，一天的运营费用就高达 10 万元，一年就是 3600 万元。

"第一年只收了五百多万门票，要贴 3000 万，第二年要贴 1000 万，第三年贴了 800 万。"樊建川说，刚开始自己苦恼极了。

"就像冯兄说的，当时不是财大气粗么，觉得自己的钱用不完，后来才知道博物馆太花钱了。没钱了怎么办? 卖土地、卖店铺、卖加油站、卖酒类贸易公司……"面对博物馆这个没有行动能力的"孩子"，樊建川只能卖! 卖! 卖!

但这还只是博物馆的日常运营开销，不包括收购展品的费用。迫不得已，樊建川只能靠"卖艺"的收入作为博物馆的补贴。

"我有一技之长啊。"樊说的"技"有四个：第一是到处讲课，一年能挣一二百万元；第二是写书，当过成都市文联副主席的他，靠稿费也挣了不少；第三是写字。"我写书法一万块一张，不分大小，一年也能卖一百多万。"

最让人感到意外的是樊建川的第四技——"卖唱"。

"最不要脸的是唱歌。"他伸过手，拍着我的肩膀，自嘲道。

"你唱歌挣钱了？"我颇为惊诧。

"我唱歌，卖光碟，叫'嘹亮'的光碟。"樊说，因为唱歌，他上过中央电视台大年初三的晚会，"你可以上网搜搜，《回锅肉之歌》，全国我原唱的。"

饭桌就是战场，

碗筷就是刀枪，

稀饭是稀，干饭是干，

稀饭没有干饭香。

向左盼盼……

把一切能吃光的东西吃光。

想着肥肉想着瘦肉想着回锅肉，

还有番茄鸡蛋汤!

即兴唱起的《回锅肉之歌》引得录制现场的所有人都笑了起来。

歌词来自樊建川插队时的一段经历，曲则来自《团结就是力量》。"我们当知青的时候就想吃回锅肉，回锅肉有个最佳搭档——番茄鸡蛋汤。吃一口回锅肉、喝一口番茄鸡蛋汤，这就是我们当时的最高理想。"

一段甜酸苦辣的往事之后，我把话题又拉回到了现实，"你博物馆的门票 2 块钱?"

"对，批发价。"樊建川的博物馆的确像个"批发市场"——抗战、地震、民俗、红色年代四大系列二十几个博物馆，和壮士广场、手印广场两个主题广场，构成了建川博物馆聚落。

"我当时在北京看某某旧居，在上海看某某旧居，花两个小时跑过去，汗流浃背，结果就只能花 20 分钟看一眼。"

这段经历让他萌发了把博物馆建成"超市"的想法，"我当时说做一个博物馆聚落，门票总共 60 块钱，一个馆 2 块钱，孩子 1 块钱。"

现在，建川博物馆每年接待游客一百五十多万人，看完所有展馆需要两三天。这又催生了樊建川的另一项产业——文化小镇。

樊人凡理：博物馆和饲料同等高尚、同等昂贵

人们把建博物馆看得特别特别的神圣，但我觉得建博物馆就跟开餐厅一样——同样是给人提供吃的，只是博物馆是精神上的，缺什么补什么。换句话说，博物馆提供商和刘永好那样的饲料提供商同等高尚、同等昂贵。

伟大的败家，毁灭性的收藏

"到目前为止，整个博物馆的投资有多少了？"我很好奇，2块钱的门票"批发价"怎么能支撑多达30个馆的运营。

"博物馆买地、建馆、绿化等硬件设施上的投入差不多花了十来个亿，另花了十来个亿买文物。"说到藏品，樊建川两眼放光，"我现在有404件国家一级文物。一级文物有四百多件，这个不得了。"

"实际上大量的钱还是花在买文物上了。"我说。

"对，比如说黄埔军校的同学录，几十万元一本，我基本都买齐了。"

对于展品，樊建川可谓不计成本，甚至是"毁灭性收

藏"——最多的时候，一年买下了 300 个集装箱的东西。

"比如毛主席像章，我有 8 吨。"樊建川说起了收藏毛主席像章的一段经历。

在一个县城里，一位收藏爱好者很神气地告诉樊建川说："樊先生，我这有不少毛主席和林彪的像章和语录。"樊建川问他有多少，答案是二十多万件。这"激怒"了樊建川，"你说你有 20 万件，那我的 180 万件怎么办? 是我卖给你，还是你卖给我?!"

结果，那位收藏爱好者被樊建川的咄咄气势吓倒了，最终讪讪地把自己收藏的像章卖给了樊。

"几麻袋嘛，都是这样。你说 50 万元、80 万元? 买!"

"这就是批发啊，戳堆买。"望着樊建川神灵活现的样子，我似乎也被感染了。

"我买东西的办法就是找收藏家。"樊自己总结说。以这种"强买强卖"式的毁灭性收藏，建川博物馆的规模迅速扩大。"别人可以说建川博物馆的声光电做得不好，建筑做得不好，绿化做得不好，酒店太低档，餐厅也不行，但是基本上没人说我们的展品不行。"

"这个是最难的，每年得花几千万元买这些玩意儿，还连续持续多少年。"我不由得感慨。

"我就是个败家子儿，有点盈余就买东西去了，买了东西又建新馆。"樊哈哈一笑。

"但你为什么不在安仁这边再做一点儿住宅项目什么的? 反正这么多小镇已经在这儿了。"我问这个问题的本意,是说他完全可以依靠房地产项目作为博物馆运营的补充。

"华夏城[1]进安仁镇时对我说,你都几十年不做房地产了,别把地浪费了。把地卖给我们,你就做你的博物馆提供商。"樊建川自嘲道,"我现在都'傻'了。"

"现在你也没兴趣做房地产了。"我补充说。

"不去想房地产这个事情了。"樊建川双手一摊,释怀道。

现在很多人为了生活甘当"房奴""车奴""卡奴",而樊建川则是"馆奴"。对于博物馆,他很有底气,"我们已经做了很多第一,现在说我们是世界一流,我觉得没有人会反驳,尤其是在国内。"

不仅藏品质量高,建川博物馆的题材也非常广泛,小到民俗中的糖纸、烟标,大到抗战、地震……包罗万象,不一而足。

我对犄角旮旯的事儿是有兴趣的,我觉得这些东西特别能反映一个时期的文化,这就是博物馆特别的价值——它属于文化的一种呈现方式。建川博物馆恰恰做到了这一点。

---

1   华夏地产。

樊人凡理（一）：小学文化观众能看懂的博物馆才是博物馆

-

有人把博物馆看作圣堂，我不这么认为。我天天对我们的员工讲，必须要把博物馆的展览做到小学文化的观众能看懂。虽然做博物馆是一件非常复杂的事情，但要把它通俗化，做得简单明了，不用讲解员讲。我就是以这样的心态来做博物馆的。

樊人凡理（二）：博物馆不能只有唐诗宋词才子佳人

-

我觉得更重要的一点是，民间博物馆应该是整个博物馆体系的一个有益补充。比如抗战馆、川军馆，比如地震纪念馆……这些你更应该去做，因为未来社会的年轻人同样有了解这些阶段发生的重大历史事件的诉求。政府当然有其他主渠道的优势，但这件事，也顾不过来。

我特别希望我们的博物馆既能传承一些美好、清雅的东西，比如唐诗宋词、才子佳人、梅兰竹菊，但同时还应有另一种类型——比如诺曼底、珍珠港、奥斯维辛集中营……世界上有这种类型的博物馆。这种博物馆要么是凝固一种罪恶，要么是记录一种战争暴行。所以我比较主张我们要传承财富、传承时尚，但更多的应该是关注历史，关注这些事件本身。

消费降级？你错了！

尽管国内大多数民营博物馆依然举步维艰，但我还是认为樊建川是个聪明人，是有智慧的人。

"你说你办博物馆是掏钱找罪受，但现在掏钱找罪受的大有人在。"听完了樊建川的心里话，让我想到了前不久听说的一件事——

到了麦熟该收麦子的时候，农民却不自己动手，而是吸引城里人来农村，住最艰苦的房子，一人发一把镰刀，怎么收不管，但是去那儿收麦子一天要交 100 块钱；不仅如此，麦子的所有权依然是农民的，如果想拿回去，还得再交钱买麦子。

听完我说的段子，樊建川大笑起来。

"其实，这就是精神消费。"我一本正经。类似的事还不少，比如 2 万元一次的戈壁徒步挑战赛，又比如半夜 12 点后在诚品书店扎堆的台湾文艺女青年——我把他们叫作"精神生活为先导，肉体生活在后边"。

"现在看来，我们精神消费的比重越来越大，博物馆实际是提供精神消费的最好场所。"

"就是看你自己没看到的东西，了解自己不知道的知识。"樊表示赞同。

我们日常生活中的消费种类多种多样，但随着时代的发展和经济的增长，人们对消费的概念也渐渐有所不同，我们称之为"消费升级"，文化精神消费领域也是这样。

在欧洲，小博物馆特别多，很多犄角旮旯儿里会突然冒出一个小博物馆。所以有一段时期我去欧洲不看别的，就看那些小博物馆。

中国现在大城市的人均 GDP 已经接近或超过一万美元，我们一直在讲"消费升级"，但我们忽视了一个巨大的消费市场，就是精神消费市场、文化消费市场。"你其实在 14 年前就开发了这个市场。"我对樊建川说。

从这个意义上讲，樊建川无疑是聪明的，有前瞻性的。

不仅如此，樊建川的博物馆还形成了一种独特的模式，并带动了当地经济的发展。

"还有一个事，让我心里特别安定的一件事。"樊建川忽然想起了什么，邀请我下次去建川博物馆所在地安仁镇走一走。

2003 年，也就是他准备投建博物馆的时候，安仁镇有 8 万人和 7 家工厂。樊建川拜托镇长把这 7 座工厂统统搬走，镇长却因为就业问题犹豫不决。现在，安仁镇上没有一家工厂，但多了一二百家餐厅、旅馆，还有四五百家古玩店。

"现在在安仁镇招工都招不到了。"樊大手一挥，"这就是我特别安定的一件事。"

"文创带动了经济发展。"我对樊建川说，建川博物馆是一种非常独特的模式，完全靠一个企业带动旅游业，还可以输出管理、多种经营。"按照互联网的说法，你这也算是个风口，你未来的市场应该潜力很大。"

"我发现你真是个聪明人，有智慧的人。"樊建川哈哈一笑，把我称赞他的话还给了我。

冯言冯语：建川就像生了八胞胎的妈妈

建川博物馆是一个传奇，能把这么多博物馆集合在一个地方，并且15年来把一些不为人知，或者容易遗忘的历史展示出来，这的确让我们经历了一番心灵洗礼，也让我们有了一种别样的激荡。

建川做了一件能让人伸大拇指夸他一辈子的事，这一辈子的事用三件事来做：第一是要赔钱，不赔钱的事，别人只会羡慕，但不会夸奖你。做一个不在乎马上挣钱的商人，这是一个很了不起的选择。

第二件事，是把博物馆做成一个集群。一个妈妈生了一个小孩儿从来不会上媒体，可如果生了八胞胎，就一定会受到关注。所以建川就像生了八胞胎的妈妈一样，把博物馆做成了一个聚落，进而又变成了一个小镇，带动了文化产业，也因此被人关注、被人称道。

第三件事，就是开创了一个文化产业独特的发展路径和模式。过去文化产业都是由公家包办，特别是博物馆这个类型，和观众之间有比较强烈的距离感。但是建川博物馆在让大家亲近体会不一样的历史的同时，愣是靠卖门票把博物馆养活了。这就说明只要是好的文化内容，就一定能够变成一种很好的精神消费，而且是精神享受。

建川虽然和我一样没头发，但是他身后留下的东西要比我多。一个人想流芳百世，有一个方法就是做博物馆，而不是挣钱；一个人如果想让自己更快乐，那去建川博物馆，去领略和体会不一样的历史。这就是建川带给我的惊喜，也是我欣赏建川的一个重要原因。

大董

虽然电商对实体店的冲击有目共睹，但作为传统消费场所的各类购物中心和百货商场，依然维系着不错的客流量。

汇纳科技 WINNER 发布的《2019 Q2 全国线下商场 WTI 客流指数分析》显示，2019 年上半年我国实体商业依然呈总体增长态势。其中，2019 第二季度二线城市客流显著提升，环比上涨 1.4%，一、三线城市分别出现轻微下滑。

维系实体店客流的因素有很多，但其中无法回避的，是入驻商超的餐饮业对此所作的贡献。有数据表明：随着购物中心的发展，餐饮业态和零售业态占据所有实体业态的比例超过80%。

中国人爱吃、会吃，正是这一根深蒂固的消费习惯，才在一定程度上"挽救"了实体店。而在一定程度上，餐饮业也是我理想中的"风马牛小镇"必不可少的业态。

＊　　　　＊　　　　＊

提起董振祥，除了餐饮圈，很多人可能感到陌生，但提起大董，肯定会恍然大悟。自打 2001 年北京烤鸭店由国营改制成北京大董烤鸭店后，"大董"就成了朋友们对董振祥的昵称。

这仅仅是个开始。在云集着全聚德、便宜坊一票老字号烤鸭店的京城，大董把自己的昵称印在名片上，并创造出皮脆肉嫩"酥不腻"的烤鸭，终在美食江湖有了一席之地——美国前第一夫人米歇尔在大董烤鸭店举办过家宴；英国、日本驻华使馆指定其为接待来华贵宾的特色餐馆；国际奥委会前主席萨马兰奇品尝完大董烤鸭后，挥笔写下"这里的烤鸭可以拿一块金牌"……

"如果大董能加盟'风马牛小镇'，将是怎样一番光景？"思忖我梦想中的"风马牛小镇"，忽然想到了香气四溢的大董烤鸭和精致考究的大董"意境菜"。

直到有一天，《冯仑风马牛》栏目组真的把董振祥请上了节目，我才有机会严肃地和他谈论起了这个话题。

追逐白松露的人

一米八几的大个子、一头卷曲的长发、一副无框的眼镜……当大董与我面对面地坐在一起时，我却依然无法把他和美食家联系在一起。

我和大董相识已久，在 2013 年纽约世贸中心重建完工后，我便和他有过共赴美国的经历。

那一次，我和几位来自中国的企业家，会同新加坡同乐餐饮集团董事长周家萌一道，准备在新的世贸中心里打造一家米其林水准的中餐厅。彼时已经在国内餐饮业崭露头角的大董烤鸭，进入了我们共同的视野。

"大董的烤鸭做得好，生意巨好。"这是我对大董的第一印象。大董也是个爽快人，在考察完新的世贸中心后，旋即答应了下来。

虽然最后因为各种原因，那次合作未能成功，我却借此机会对大董有了深刻的认识。从那以后，我就很少再见到他，只听说在 2017 年底，大董在纽约开了一家美国最高端的中餐厅。

除了忙着打理生意，大董另一项重要的工作就是吃遍全世界。

"全世界有这么多以美食餐饮为主题的小镇，最值得去的地方有哪些？"虽然我也跑过了不少地方，但和大董再次见面后，我还是直奔他最擅长的领域。

"这几年我们每年都去一个世界排名第一的餐厅，比如丹麦的诺玛[1]、西班牙的罗卡三兄弟[2]，今年[3]去了一家意大利餐厅。"一如既往爽朗的大董，谈到美食时嗓门一下提高了不少，"那家意大利餐厅只有三桌，客人完全是奔名去的。"

在一段小视频里，我看到大董登上了现代化的采摘车，提着篮子，亲自去葡萄园里采摘酿酒用的葡萄；更游走于全世界的小镇，搜寻着各地的美食。这应该是他生活中的常态——对他来说，美食已深深融入了他的血脉。

"我这几年还经常往意大利跑。"大董停顿了下，卖了个关子，"干什么去呢？到那儿去挖白松露。"

松露我是有所耳闻的，这一被誉为"世界上六大顶级食物"之一的野生菌类，因其产量极低而弥足珍贵。

2017 年意大利北部小镇阿尔巴的白松露拍卖会上，大董拿了个第一名，由此而被授予全世界"白松露形象大使"的称号。

"当时拍的那一块白松露重 1070 克，成交价 79 万元。"说起那一幕，大董依然津津乐道，"我现在长得挺像白松露的。"

---

1   Noma，丹麦唯一的米其林二星餐厅，2010 年起连续 3 年蝉联世界最佳餐厅。
2   被英国著名美食杂志《餐厅》评为"2015 年度全球最佳餐厅"。
3   2017 年。

"为什么要去拍白松露？"大笑之后，我好奇道。

"因为要把美食的体验、美食的快乐和朋友们分享。"大董收起了笑容，"但主要是阿尔巴这个小镇已经形成了一种白松露文化了。"

大董说，每年秋季，阿尔巴就迎来了一批"奇怪"的游客——大董把这些"游客"称为"松露佬"。他们带着猎狗成天在树林中钻来钻去，这样的情形会持续一个月。

"松露佬们牵着专门训练出来的松露犬，在林子里寻找白松露。"大董绘声绘色地说，"就像挖土豆，狗往前跑，我们就使劲追。"

听到这里，我也笑了出来。

"我以为谁找到松露就归谁，没想到还要向狗的主人付钱买，但价格比市场上会稍微便宜一点儿。"大董说，在阿尔巴小镇上，除了松露拍卖市场，家家户户几乎也都和松露有关系，"这就是松露小镇，这就是松露文化。"

冯仑生意经：40万元一斤的松露到底值不值？

一

在世界各地追逐各类美食的大董，在生意上无疑是成功的。

餐饮界都说大董是个奇才，他是中国餐饮圈唯一获得 MBA 学位的厨师兼餐饮管理者。从健康的角度为食客考虑，是大董创新的基础，也是大董生意红火的原因。

在一段小视频里，大董在接受当地媒体采访时一手拿着话筒，一手挥舞着，像位指挥家。他说，中国和世界共同发展、共同进步，大董要把全世界最好的食材带回中国和朋友们分享；中国也有很多好的食材，也希望通过世界美食这个平台把中国最好的文化、最好的食材介绍给全世界。

除了对食材的追求，大董生意成功的另一个因素是他是把菜品当成艺术品来做的。每年春秋时节，大董都会举行品鉴会，在北京、上海两地的 13 家大董美食殿堂展开为期半个月的美食大赏活动。

大董把这一创新称为"意境菜"。一次在中山大学的演讲中说，到目前为止，中餐的呈现艺术，相比国际上大的烹饪潮流，我们还差了一截。烹饪艺术很高雅，而中餐现在的呈现方式还基本上延续了过去创作的思路，还是大盘子大碗。

大董则不然。摆盘考究的大董为了让"意境菜"的意境发挥到极致，在用餐环境上煞费苦心。比如，大董南新仓店以皇家图书馆典藏文化为主题打造，而其金宝汇店则主打魏晋南北朝时期的独特文化。

大董餐厅的"御用"设计师刘道华说，空间是为菜品服务的。一个好的餐饮空间设计，要把这个餐饮企业的文化、菜品等所有东西都融合进来，这样空间就成为餐饮企业形象的一部分，而且是最直接的对外宣传的部分。它的标识性，能够让人在看到这个空间的时候，就立刻想到这家餐饮企业。

极致的食材源头，再融入菜品的意境，大董才取得了今天的成功。所以，从这个角度说，40万元一斤的松露是值得的。

如果把阿尔巴搬到北京来

"你到过全世界很多地方，我一直有个问题挺想请教。"听完了白松露的故事，我再次把话题拉回到了小镇餐饮模式的话题上。

"餐饮这个事门道很多，它的规律是什么？比如小镇上应该是什么餐饮，写字楼里什么餐饮，购物中心又是什么餐饮业态？"我问大董。

"这还真有一部分是有模式可说，或者有经验可借鉴的。"说到了"正事"，大董的思绪也从意大利回到了现实，"我可以从我的体会上说说。"

"比如我们就把纽约当成一个小镇，你说你到了纽约最想去吃什么?"大董反问我。

"这是一个概念。"没等我回答,大董继续说,"另一个概念是,纽约当地人在纽约吃什么?"

"外来人和本地人对吃的需求肯定不一样。"我如实回答。

"对,一定是不一样的。"大董很笃定。

"本地人是不是反复吃那些玩意儿?"我试着说。

"是的,因为那些玩意儿不仅便宜,而且好吃,用餐环境还舒适。"大董顺着我的思路回答说。

"这个概念其实非常明确,就是说,小镇也好,社区也罢,好的餐饮基本上就是自己家厨房的延伸。"虽然我并未涉足过餐饮业,但商业的基本原理是相通的,尤其是对我理想中的小镇模式而言——我们感到最亲切的小镇,就是那些望得见山,看得到水,留得住乡愁,有挑担的货郎、有沿街的叫卖,以及有家长里短,有我们童年记忆的小镇。

"你这个关于厨房的延伸比喻很恰当。"听完了我的想法,大董点头称是。

"所以,一个小镇上的餐饮,要好吃,还要经常吃,另外不能贵。"我又归纳了下小镇餐饮的三大要素。

说到小镇,作为陕西人的我想到了陕西美食。"之前在西安边上的一个小镇突然火了起来,为什么呢?其实很简单,就是当地农民把陕西的各种土吃法汇集到了一条街上。结果只靠餐饮，那个小镇就火得不得了。"

"这个也听说了。"或许是我提到的这个陕西小镇模式给了大董启发，让他的思维开始发散，"如果我们刻意地在北京周边也打造一个小镇，那么里边的美食是什么？或者说餐饮业的商业模式是什么？"

这是我的兴趣所在，我侧耳倾听着。

"我们当时曾设想过，把全国各地的面食店都搁到这个小镇里行不行？"大董掰着手指历数着，"像北京的炸酱面、武汉的热干面、浙江的奥灶面……"

"各种'村面'。"我打趣道。

"对，各种面。成还是不成？"大董直视着我，自问自答，"后来我觉得这种模式估计不成。"

"我也觉得不成。"我坦承道，因为这一模式违背了我心目中理想小镇的模式——没有乡愁。

"为什么呢？因为脱离了当地的文化环境。"大董打着手势，似乎在强调这一最核心的因素，"你刻意把这种面拿到小镇上，那它整个就餐的环境和心情就没有了，觉得它是一种刻意的东西了。"

在大董看来，去小镇，哪怕是去小镇上吃一碗面，其本质是去体验这碗面所在的当地的文化。失去了这一大背景，这碗面存在的价值和意义就大打折扣。

"西安附近小镇上的那条美食街则不一样，因为它是当地的。"大董用刚才提到的"西安美食镇"作了对比，"当地人会去吃，外地人也会去，但外地人品尝的是当地的美食文化。"

"对，外地人去吃其实是对当地文化的一种体验，而美食本身就是当地文化的一部分。"这是我非常确信的一点。

想象一下，如果照搬一个意大利的阿尔巴小镇到北京，那么即便是再美味的白松露也不会吃出当地的感觉，因为，餐饮文化有着非常强的地域性。

冯仑生意经：脱离了地域谈美食，就是空中楼阁

和大董聊完了小镇里的餐饮业态，我想起了我经常去的台湾。我在台湾已经吃过几十种牛肉面了，但是最有意思、最有话题性的，要数"爸爸牛肉面"那一万新台币（折合人民币两千多元）一碗的牛肉面了。

据说，老板王聪源曾经问光临店铺的那些 VIP 食客—— 其中有台湾本地的名人，有米其林三星级餐厅的大厨，还有世界各地的大人物——"你们愿意为本店最好的牛肉面掏多少钱？"得

到的最普遍的回答是：一万新台币一碗。

今天，许多美食迷都已经知道，这家只有40个座位的小餐馆供应着世界上最昂贵的牛肉面。

其实，台湾牛肉面的兴起要追溯到1949年国民党军队撤退到中国台湾之后。台湾永昌街有一家"老张牛肉面"，它就是当时的老兵在退役后创业开的，到现在也做了两代了，生意非常好。

所以，台湾的牛肉面是一种很独特的饮食文化，它的背后不但充满了商业玄机和管理门道，也蕴含了一种思乡情结。

这和大董提到的"美食的地域属性"多少有些类似。陕西西安附近的很多小镇，比如东黄小镇，一开始的定位是民俗，投了5亿元，当时也是非常火爆。但到后来，各类小镇蜂拥而至，大多复制了东黄模式——以各类小吃为主。这些小镇杂乱无序、千篇一律……最终让东黄小镇成了一座"鬼镇"。

虽然同样是吃，也同样不失美食的地域属性，但和台湾的"爸爸牛肉面"相比，东黄小镇们缺少一种家的感受——就像我说过的，小镇的餐饮不仅是给外来人吃的，同样也是给本地人吃的，是家里厨房的一种延伸。

中国是一个美食之国，我觉得中国的小镇应该有更多的机会，用美食、用集市去带动商业活动。这恐怕比在欧美国家更容易实现。

冯言冯语：小镇最忠实的记忆

我曾设想打造一个"风马牛小镇"，一个真正的理想家园。在这个小镇里，不仅有诗意的栖居，就连其中的商业模式也传达着自由与创造的风马牛精神。

小镇是什么? 说到小镇，我们都有一种很亲切的感觉。因为关乎童年记忆的乡愁，很多是和一些小镇相关联的。在过去几十年的城市化进程中，人口高密度地聚集，出现了很多新的形态，比如开发区。但我觉得这不叫小镇。十字格的规划、向外发散的交通，在我看来都是"漏气"的。开发区只是一个产业聚集区，鲜有居住的功能，每到晚上人们都回到了城里，那里就成了一座"死城"、空城。所以说，小镇一定不是开发区，这类"小镇"基本上只是传统大城市的一个延伸罢了。

没有一个人会说，"我望得见乡愁，是因为我看见了开发区的指示广告牌"。那样的"乡愁"是不可能的。

小镇不是小区。小区的功能要素特别简单，一般的小区里不会有庙宇，小摊小贩也被禁止入内。所以，小区里的商业活动非常有限，更不足以承载人们精神层面的寄托。

小镇也不应该是纯粹的景区。国内火热的几个小镇，要么是城市化旧城改造的文化创意园区，要么是风景秀丽的旅游度假区，要么是大型的购物体验区，但这些仅仅是城市功能的补充，它们的存在满足了社会对传统办公模式、休闲模式的多样化需求，只能归结为体验性需求，算不上社会发展的强需求。

我们感到最亲切的小镇，就是那些望得见山，看得到水，留得住乡愁，有挑担的货郎、有沿街的叫卖，以及有家长里短，还有我们童年的记忆。这种小镇我觉得是我们真正记忆中的小镇，有诗意的一个想象。

那么，这样理想中的一个小镇应该具备怎样的商业业态？

其实，小镇的商业业态有点像房地产。房地产有很多种做法，一个是挖坑盖房，再去复制下一个；一个是提出要创造有价值的空间。不动产的生意是一个空间生意，不是平面生意，意义是用现代的建筑技术制造出一个人造空间，在空间里面的人能够很好地生活、经商、学习、办公等。你能看到的眼前就是物理层面，再看远一点，看到制造空间的生意，它的意义在于使空间和外部的需求发生巨大的互动，让更多人需要你这个空间。再往上就是研究城市，望断天涯路，不断地牵引你往前走。

一定程度上，小镇也是这样——在那里，有一种牵引你留下来的力量。当然，这种力量里包含了美食。人们不是常说，我们最忠实的记忆不是来自大脑，而是来自胃吗？

不同

火星饭局

外太空的商机

迎着零下20摄氏度凛冽的寒风，我跺了跺几乎被冻僵的脚。在离我1.5公里开外的旷野中，一座巨大的发射塔孤独地矗立着。

说孤独其实并不准确。在发射臂环抱的那枚长征二号丁火箭的白色箭身里，搭载了7颗即将奔向太空的卫星，其中就有我的一颗——"风马牛一号"。

这一天是2018年2月2日，地标甘肃酒泉。

在我的一生里，有许多值得铭记的大日子，但无疑，这一天最值得纪念。

15：51，伴随着长征二号丁火箭喷射出的巨大浓烟，脚下的大地也随之颤动。2分钟后，火箭消失在视野中。我放下了举过头顶的手机，搓了搓冻红的手，回头和身边的人说："近距离听着声音还是很震撼的。"

卫星进入预定的距地表 500 公里高度的太阳同步轨道 8 分钟后，太阳能帆板展开；40 分钟后，通信天线展开，卫星开始向地面连续发射"信标信号"……

"'风马牛一号'是国内第一颗私人发射的卫星，也是中国进入'大航天时代'的重要一步。'风马牛'的一大步，'大航天时代'的一小步。"——在我的公众号"冯仑风马牛"里，我这样写道。

*　　　　　*　　　　　*

"弄一颗卫星玩玩儿？"这个念头来自三年前的美国 NASA 之旅后。

NASA 的全名是美国国家航空航天局，对于这个名字，人们并不陌生。1969 年，"阿波罗 11 号"就是由 NASA 主持升空，迈出了人类探索外太空的一大步。在这之后，"哥伦比亚号""亚特兰蒂斯号"等 5 架航天飞机先后由 NASA 送上了太空。

"天堂成了人类世界的一部分。"

1969 年，美国宇航员阿姆斯特朗登上 38 万公里之外的月球表面，时任美国总统尼克松说出了这句充满"爱与和平"的名言。

半个世纪后，"亚特兰蒂斯号"已静静地安卧在 NASA 的博物馆里，供人们参观凭吊。但人类探索外太空的脚步始终没有停止。技术的进步，打破了原本由政府垄断的各类太空项目；人类对自由的渴望，也成了人们进一步探索外太空的思想源泉。

NASA 之行，部分满足了我的好奇心，但并不是全部。从那以后，每当我抬头看太空——这既在我们身边，又那么遥远的地方，我就想，那里究竟会有什么样的神奇景象。于是，我问自己：能不能也发射一颗卫星，让这颗卫星成为我的眼睛——就像我每天拿起的手机，告诉我它看到了什么。

我看到了什么？

"刚需"的月球"经适房"

我是和月球上"经济适用房"的首位预订者、伊丽汇美业生态云董事长姚文峰，一起去的 NASA。

在这次 NASA 体验之行的两个月前，我在伦敦拜访了一家令人尊敬的建筑事务所。在那里，我第一次亲眼看到了"月球经济适用房"的效果图。

那是一组似曾相识的建筑，用事务所主人的话说，那是"一个特别有'未来性'，但是又特别真实的建筑。虽然我们都没做过这种建筑，但这种建筑离我们的生活其实并不遥远"。

"这个现实离我们还有多远？"我很好奇。

"不远，就在 2020 年。"事务所主人的回答简短而有力。

我之所以把这些或即将实现的建筑称为"经济适用房"，是因为它们的风格很像我家乡陕西的窑洞——依"山"而建，"洞"口椭圆。但与窑洞不同，它有着不规则的外立曲面和全封闭的空间，这一切都是为了抗击月球上破坏力巨大的陨石冲击。

这将是第一批人类在月球上盖的"经济适用房"。地球人到月球上别无选择，只能选择这样的房子，我们不能挑"长相"，也不能选户型，更不知道它的价格。它满足的仅仅只是我们居住的需求而已——这是绝对的刚需。

"在 2020 年，真的会送人上月球吗？"我仍然不敢相信这是真的。

"本来我们以为这只是一个设计方案，好像很遥远。但现在，随着业主方对我们设计工作的要求越来越具体、越来越急迫，我们觉得这件事好像已经近在眼前了。"建筑事务所的主人憧憬着未来，"真要实施起来，成本似乎也并没有想象中的那么高，难度也没有想象中的那么大。"

"为什么？"我问建筑事务所的主人。

"你没注意到吗？最近埃隆·马斯克的实验已经取得了巨大的进展，他不仅能在陆地，甚至能在海上发射火箭，然后再回收。这就解决了很重要的成本问题。"

按照设计方案，"月球经济适用房"将由一系列搭载可回收火箭登上月球的智能机器人完成。而完成一所300平方米到500平方米的房子，至少需要三五个月。如果大量建造，或者缩短工期，就需要更多的智能机器"建筑工人"。

回收火箭的技术，能把单程成本压缩到原来的1%。以现在的科学技术，如果我们想去火星，大概要两年半到三年的地球时间，但是到月球就简单得多，不用一天就到了。一旦能够回收火箭，这个时间可以缩短到十几个小时，相当于从中国飞到美国的时间。

如果这个成本进一步降低，那么，无论谁拥有这个技术，谁都能把人类带到月球上去，直接入住。甚至，来回穿梭于地球和月球之间也会像现在进行一次跨洲飞行一样。

这么一想，埃隆·马斯克岂止是发明了一项技术，更是发现了一片新大陆。

埃隆·马斯克对太空的向往，已经到了对地球轻视的程度。有人曾经问他：你的生命结束后，应该怎么写自己？他只说了一句话——地球不配我死。

那么，外太空到底有多少魅力？人类为什么要不断地去探寻？NASA 会给你一个启示。

NASA 给我的启示

"有一个数字，不知道你看清没有？整个航天飞机由 250 万个零部件组成，分毫不差。"问姚文峰这句话时，我们已经在 NASA 完成了一系列宇航员的身体训练，身后就是那架标志着美国 30 年航天飞机时代终结的"亚特兰蒂斯号"。

1985 年，重 77.7 吨的"亚特兰蒂斯号"成为美国国家宇航局的第四架航天飞机，它在此后的 15 年里进行了 17 次飞行。"亚特兰蒂斯号"的名字来自美国一艘服役了三十多年的远洋科研船。2011 年 7 月 8 日，"亚特兰蒂斯号"在 NASA 点火升空，开始了它，也是美国整个航天飞机团队的最后一次谢幕飞行。

"我现在似乎明白了一件事情，我们对美国人的感觉，实际上就是美国人自认为的美国在世界格局中的定位。"和我同样体验了"亚特兰蒂斯号"震撼力的姚文峰若有所思。

"我觉得这是一种超越国界的崇高感，是我们地球人的力量。"我理解姚的想法。

在此之前，人们谈登月、谈去火星，仿佛在痴人说梦，可是当"亚特兰蒂斯号"航天飞机就在眼前，当哈勃空间望远镜也在眼前，当我们的双手可以触摸到来自月球的岩石时——即便只是薄薄的一小片，我们也确切地知道，人类已经达到了这种文明高度。

"在航天体制上，中国和美国有很大的不同。我们大部分隶属于军方，带有实验性质，保密性好，效率也会高一点。而NASA有部分宇航中心是民间的。"这是NASA给我的另一个感受，"当然，NASA也是包容的，它所传递出的东西已经成为人类一种共同的使命。"

尽管这些航天员的身份各不相同，有学生、科学家、军人，也有民航飞行员，但他们都一致怀揣人类未来的使命向宇宙进发。

在NASA，我看了"火星计划"中一部令人感动的短片。故事的主角是一位妈妈，尽管这位中年女性的小孩儿只有十多岁，但她依然毅然决然地应征了"火星计划"。谁都知道，在现阶段这是一张单程票——飞赴火星，只是代表了人类的探索之举，很有可能再也回不到地球。

"有一个镜头，是她和她丈夫告别时的情景。"我和姚文峰再次提到了这个故事。视频中，那位中年妈妈吻别自己的丈夫、拥抱自己的孩子后，拿起行李登上了开往训练中心的车，开启了探索火星的使命之旅。

这一幕让人唏嘘，也让我想到了人类航天史上的另一幕悲剧。

那是 1986 年 1 月 28 日，美国"挑战者号"航天飞机搭载 7 名宇航员，进行航天飞机的第 25 次飞行。这一天早晨，成千上万名参观者聚集到肯尼迪航天中心，等待一睹"挑战者号"腾飞的壮观景象。但升空不久的"挑战者号"在空中发生爆炸，罹难的 7 名宇航员中，就有两名女宇航员。

"爆炸、牺牲，但人类探索太空的脚步没有停滞。"我再次感慨。

"你讲的那些使命，其实有一句话可以概括，就是'太空在呼唤我们'。"姚文峰回过头，又看了一眼身后巨大的"亚特兰蒂斯号"。

推倒了墙，就是路

宇宙、太空在呼唤我们，所以我们要去。

从 NASA 回来后没多久，我决定发射一颗属于自己的卫星。

其实我的想法很简单——能不能把卫星跟现实的手机连起来开发娱乐? 让人们对太空的体验更直观、更近，也更有趣，可以扩展我们对宇宙、对外太空的认识。有了这个想法，我就找了一家专门做卫星服务的民营公司。我只提出两个要求：一是要是真卫星，"别弄个玩具出来"；二是要具备直播功能。

之所以提出具备直播功能，是因为我原本想在卫星上安装 VR 全景摄像头，这样地面接收者就可以看到来自太空的影像，这样最早期的计划也只需要 1 元钱 / 分钟。就像 2018 年热议的天文现象"血月"，如果用户通过 VR 眼镜看从"风马牛一号"在太空传回的影像，体验可比地上好多了。

尽管后来商用无线电频段牌照的问题，导致"风马牛一号"带宽受限而无法实现视频直播的功能，但毕竟这是我们第一次发射用于互动娱乐的私人卫星。换句话说，"风马牛一号"的上天，就像打破了邻里之间的一堵墙，连接了人类和太空之间的关系。

"外太空现在飘着多少颗人造卫星?"在与一位研究可回收火箭的年轻人见面时，我这样问他。

"三千多颗。"他脱口而出。

"其中中国有多少?"我继续问。

"中国不到三分之一，美国基本上占了近一半。"他进而给出了这组数据的原因：现在发射卫星的门槛越来越低，美国很多民营公司参与其中，甚至有的初创公司都发射了上百颗卫星，组建了自己的卫星网络。这些新兴的民营卫星公司，通过组网的形式获取性价比更高的对地观测数据或天基通信通道，并将这些数据或通信服务出售给如谷歌、百度这些具有地图业务的公司甚至个人来实现营收。

不过目前在中国，卫星和普通人的距离还十分遥远，几乎所有人在谈到火箭、卫星时都觉得高深莫测，或是投入巨大。

"在美国有十几家各种各样的小型火箭公司，加上卫星公司、火箭发动机公司和配件公司，大概有几十家的规模。团队规模也不一样，有4个人做火箭的小公司，也有像Skybox这样三五千人的大公司。"这位年轻人说，在美国，已经有非常多的人参与到火箭和卫星领域。

通过市场化和科技创新，全球民营商业航天市场正在不断成长。

一份机构报告显示，2017年全球近120家风投为商业航天公司提供了39亿美元的投资，创下了历史纪录。而由于大量资本进入了私营航天业，美银美林在2017年10月预测，未来的30年里，航天业至少能够发展到2.7万亿美元的规模，远高于目前的3500亿美元。在这些投资者中，包括了软银集团孙正义、SpaceX 创始人马斯克等商业大佬。但在中国，国内民间资本对航天领域的投资屈指可数。

"不过整体来说，国内航天领域创业的空间已经很大了。"这是我的直观感受，否则"风马牛一号"卫星也不可能顺利升空。

"最近两年军民融合后，国内航天领域开放了很多，民营火箭、卫星公司参与其间，让这个市场更加活跃。"处在大潮之上的年轻人也有自己的切身体会，"现在国内航天领域有了更多的筛选机制，民营企业也有了更多的可能。"

"既然是这样，那我觉得光发一个'风马牛一号'卫星还不够。三两年之后，应该再发一颗卫星，找一个更大的火箭，送到月球上去。"

看着眼前的这个年轻人，我也看到了中国民营航天领域的未来。往大了说，太空并不遥远。

未来就是现在，梦想就是现实。

月亮是我的梦想家园

这几千年以来人类对未来的探索非常了不起。在 NASA，我记住了两句非常有意思，且意义深远的话——

第一句是：好奇心，永远是满足好奇欲望的一个基础。也就是说，人类之所以向外太空进发，好奇心是一个非常重要的前提。

第二句是：只有走了太远太远的人，才知道怎么才能走得更远。人类的进步，包括我们的企业、我们的生活，确实只有走得很远，才能回过头来知道怎么走得更远。

这两句话让我感动，也让我改变了对外太空的看法，我相信，人类一定具有征服地球以外空间的能力，并且这个能力是无限的。

在这一无限能力之下，一切生意皆有可能。

月球经济适用房

2019 年 3 月我参加一次商业活动时，雷晓宇让我讲一讲现在的人生状态，以及对自在的看法。

"其实，自在就是你想做就做。"几乎不假思索，我说想到这个词儿时，最先想到的就是 NASA。美国现在有个词叫"地外生意"，意指地球以外的生意。我也在想地外生意怎么能做。

我也是好奇心重，自己发了一颗小卫星"风马牛一号"。假如说我能发一个智能机器人到月亮上，也圈块地，我也可以卖月亮上的地，没准能挣钱。美国已经有立法，关于月亮上的稀有金属资源怎么样可以用，都已经有了规定。

不光是月球，美国也已经设计了火星上的房子，但美国设计的火星村很像监狱，我想他们可能是研究了犯罪心理学之后设计的。但不管怎么样，月球上的"经济适用房"已经有了设计图纸，你说我还能被现实的东西束缚住吗？所以自由与创造密不可分，只要有自由就有可能创造出生意；而创造又激发你更大的自由想象，会带来意想不到的探索的结果。

这是我的回答，也是外太空生意的起点。

在外太空减肥

经历了 NASA 的"太空爬梯"和 360 度翻转训练，我和姚文峰已经气喘吁吁，但我们仍没有忘记外太空的生意。一位协助我们训练的美国宇航员说，如果在太空舱生活，那里的减肥速度是地球的十倍。这可让做美容业出身的姚文峰来了兴趣，"我可以做一个失重酒店，在里面飘着边玩儿就边减肥了。对，还可以顺便做外太空的各种体验。"

其实，宇航员在太空舱每天至少三小时的锻炼是为了恢复体力，而所谓的减肥，也只是因为地球重力作用的减弱。在外太空不仅可以"减肥"，还能让人长高。

研究发现，当人进入太空的时候，人们的身高是有机会再次长高的，据说能够长高多达 3% 左右。也就是说，你目前的身高只有 165 厘米的话，在太空你就可以长到 170 厘米了。

火星的饭局

其实现在已经有很多人在探索太空了，比较著名的就是维珍航空。他们在太空商用旅行上做得非常好，已经有几百个人向他们预定，里面包括很多名人、记者、明星。虽然还没有一个人完成旅行，但是大家都付了全款，维珍目前已经收到了上亿美元的订金。

在美国，埃隆·马斯克已经宣布将从 2024 年开始送地球人上火星，并在不超过百年的时间内，完成一个拥有百万人口的火星移民基地。马斯克很可能将启用火星建筑群计划，让每一艘成功落地的飞船自建为临时性建筑，并在一定范围内营造生态循环系统，让初登陆的人们有时间一点点往更广阔的疆域殖民拓张。最早的一批将会在 2024 年启航，并在 2025 年抵达火星。按 SpaceX 的计划，初期从地球飞往火星将耗时 80 至 150 天，每次可运送 100 名乘客。而远期目标，马斯克则希望将运送能力增至 200 名，飞行时间则缩短至 30 天左右。

以国家级的宇航成本估算，送一个人到火星要大约 100 亿美元。马斯克给我们的解决方案是以批量性运输制约成本，未来将这个数字控制到 20 万美元左右，并最终实现 10 万美元 / 人的可能。换句话说，你只要花不到 70 万元人民币就可以移民火星了，比买一间学区房的洗手间还便宜。

宇宙"煤老板"

随着人类航空航天技术的进一步成熟，未来人类将迎来第一个万亿富翁。高盛集团就预言：在未来的一千年内，第一个万亿富翁可能诞生于太空采矿行业。

NASA 已确定，在以地球为中心方圆 5000 万公里的范围内，大约存在着一万五千多颗大小不一的小行星，这些小行星中大多数富含铁、镍、铜、金、银等多种金属元素，甚至有的小行星其金属元素含量远高于地球。如果我们以庸俗的金钱来衡量这些小行星，那么几乎每一颗小行星都会价值上百亿美元。所以浩瀚宇宙中存在着无限能源和无限资源，隐藏着巨大商机。

尽管小行星采矿对于现在的人类而言得不偿失——加州理工学院估计，建造一艘可用来拖拉小行星的航天器将花费26亿美元，这可能让采矿成本超过矿物本身价值，但埃隆·马斯克认为人类应尽快离开地球，将地球商业及工业发展到太空其他星球。

未来太空采矿将是一个一本万利的行业，利润将极其丰厚。他们迫不及待地想把自己的公司扩张到月球、火星，甚至太阳系之外的行星上。因为这些价值百亿的小行星既不是你的，也不是我的，当然是先到者先得。

以月球为例，科学家推算证实，仅月球表层氦–3[1]的总储量就超过了110万吨，每1千克的氦–3的提取过程中，还可以产生约6吨氢、70千克氮和1.5吨碳。如果利用航天飞机飞抵月球，只需运送回1000吨氦–3就足以满足全球10年的所有能源需求。

在NASA参观时，我就和姚文峰聊起过外太空采矿的事

---

1   热核聚变的主要原料，是一种安全的超级清洁能源。

情。在我看来，关于利用外太空解决地球的能源问题不仅是一项技术，更是一种思路——地球的困难问题，要在地球之外解决。这是一种辩证法。

冯言冯语：每一个好生意，都是思考模式发生变化的结果

-

谈到登月，谈到去火星，仿佛就在梦里。但是在 NASA 那几天的训练和参访交流，以及和姚文峰聊的那些外太空的"不靠谱"生意，让我对 NASA，也对人类和宇宙的关系有了新的思考。

在 NASA，完全没有国内航天城里的那种肃穆、紧张的气氛；相反，我感觉他们非常之轻松。其中一位航天员已经上过四次太空，但是他今天谈起来，就跟我们坐了一次高铁、乘了一次普通飞机一样。他告诉了我很多太空舱生活的细节，怎么上洗手间，怎么吃东西，为什么面包不能带上去……非常有趣。

当播放完一段朴实的短片，幕后的大门徐徐打开后，曾作为一个传奇的"亚特兰蒂斯号"航天飞机忽然出现在眼前时；当伸进一个小洞，亲手触摸玻璃罩盖着的那一片从月球带回的黑色岩石时，所有这些都让我感觉到，这不是梦想，这是我们地球人已经达到的文明高度。

月亮现在近在咫尺，乘着时速 17000 公里的宇宙飞船，我们两天半就能到达月球。

所以人类在征服自然界的过程中，一个重要的挑战就是速度。如果我们能达到人类所能达到的最大极限的速度，我们离宇宙中其他星系的文明也就更近了。

在 NASA，那位曾四次飞上太空的宇航员回答了我的一个问题——外太空到底有没有活着的人类，或者说与人类似的人？他的回答很有意思。他说：当我到了太空以后，才知道地球有多小、太空有多大。所以一定会有外星人，只是我们没有发现，因为太空太大了。

听完他的回答，我想，我们现在从地球去探索我们未知的世界，应该充满信心，保持乐观。甚至我们可以坚信，地球上解决不了的问题，从月亮上、从火星上一定能找出办法。

随着我们在宇宙当中的视野越来越宽广，我们越发会觉得地球上的困难如此之小。

脱离了地球，视野、时空都会发生变化，很多原本固定的思维模式就发生了变化，进而生意也就发生了变化——你可以创造出更大的生意空间。

其实，每一个好生意带来的新的发展，都是思维模式发生变化的结果。比如互联网就是这样。原本世界是不联系的，但互联网做到了互通互联，在改变生活的同时，也改变了生意的模式。过去，我们与外太空同样没有联系，但现在，如果我们站在外太空的角度来看地球，才知道自己的出发点和未来的位置。所以我们不需要在地球上杞人忧天，人类解决问题的能力远比我们制造问题的能力要大一百倍。

满足好奇心，是人类走得更远的重要驱动力；自由与创造是我们生命不竭的永远的动力。

小套套的大生意

有人说，这世界上最赚钱的行业之一肯定是情趣行业，毕竟这个世界上每天都有爱要发生。不过，这笔钱也许并不好赚，至少在套套市场，忽而顽皮，忽而一本正经的两个品牌已经牢牢把绝大部分市场份额抓在了自己手中。

它们，就是杰士邦和杜蕾斯。正因为它们的存在，一直羞于走上台面的套套市场变得好玩儿起来。

2019 年 6 月，杰士邦为端午节"写"了一首长诗——

一道道的捆绑 / 一层层的撕扯 / 你 / 如蜜似糖 / 身躯上 / 是牙齿的痕迹 / 吃干抹净 / 意犹未尽 / 你问 / 想不想尝尝 / 咸咸的我……

在同一天，杜蕾斯为端午节而作的文字虽然简洁却充满内涵——每一粒米，都有特殊的含义。

孰输孰赢，难判高下。一个普遍的观点是：

情趣行业的文案写得最好的非杜蕾斯莫属，但自从杰士邦出现，杜杜就有了文案情敌！

＊　　　　　＊　　　　　＊

初见王学海是 2017 年 11 月的一天，在上海。那天，我到得早了些，等他的时候我在想，王学海会是怎样一个人——手握上百亿的资产、经营着全球第二大的安全套品牌……但更让我感兴趣的，是杰士邦在 2017 年 5 月那次有些匪夷所思的海外收购。

2006 年，杰士邦的母公司人福医药以 1.37 亿元将杰士邦 70% 股份出售给了澳大利亚乳胶保护制品巨头 Ansell Ltd.（安思尔），杰士邦成了名副其实的"洋品牌"。到了 2009 年，人福医药再次以 2511.7 万元的价格出售了杰士邦 5% 的股权。

两次股权的出售，人福医药通过杰士邦共获得了超过 1.6 亿元的现金；但在 2017 年 5 月，人福医药把杰士邦从澳大利亚公司再次买回来时，却花了 6 亿美元（约合人民币 41 亿元）。也就是说，人福医药比当时多花了 25 倍的价格，让杰士邦重新回到自己旗下。怎么看这都是笔赔本买卖，至少是不符合一般商业逻辑的生意，这买卖人如何算这笔账，我想见到王学海就能得到答案。

到了约定的时间，门开了，进来的是一位年轻小伙子，背着双肩大黑包，手里拎着个酒店里常见的纸质洗衣袋。

"冯叔，这是王学海，王董。"如果不是工作人员介绍，我是断然不会把眼前这位年轻人和"小黄人之父"（杰士邦的品牌形象便是个卡通的"小黄人"）联系起来的，因为他太年轻了。

"不好意思，冯董，我在酒店楼下吹了个头发，来晚了。"王学海一边抱歉，一边把手里的纸袋递给了工作人员。事后我才知道，那里面装了整整两大盒杰士邦的产品，算是给我和我的团队的见面礼。

其实，包括我自己在内，在没有真正了解杰士邦之前，都以为这是一个外国品牌。后来才知道，这是中国人做的一个外国品牌。话题自然就此展开……

捏脚市场一年 600 亿，而套套却只有 50 亿

"在我印象中，套套（安全套）市场到今天在中国也就 50 亿美元吧？"我估摸着说出了这个数。

"没有那么大，50 亿元人民币差不多。"王学海的回答很坦率。

"50 亿元人民币?！"我吃惊地反问道，"你知道中国捏脚（足疗）市场有多大吗？"

"我估计几百亿应该是有的。"王学海试着说。

"600 亿！"我给出了确切答案，"捏脚市场跟中国电影市场一样大。"

显然，王学海并没有对捏脚这一"下九流"的行业有太大关注，略有些尴尬地笑了笑。

"我很好奇，在中国有很多创业公司都选择了房地产、金融制造业和餐厅什么的。你为什么想起做套套这种小产品？"这是我最关心的问题之一。

"两个方面的原因。第一，我不认为这个生意小就不值得做。"王学海说，在杰士邦，有一个战略被称为"细分市场领导者战略"，即，企业能长远发展，包括盈利高，核心不是销售额，而是市场占有率和盈利率。"市场占有率高，盈利率一定高；反之亦然。"王学海经常挂在嘴边的一句话是，"如果我们不能在一个细分市场做领导者，那就创造一个市场，并一定要做到这个市场的领导者。"

杰士邦的这一战略让我想到了多年前遇到的另一个案例——一家自行车气门芯生产企业。这是多么小的一个行业，但这家企业的产品占据了 90% 的市场份额，盈利非常高。

"另外一个原因，是我们和套套颇有些渊源。"王学海道出了自己"结缘"套套的另一个原因。

在改革开放的背景下，前身为1988年成立的武汉当代生物化学技术研究所，于1997年在上海证券交易所挂牌上市（当代科技，SH.600079）。不久后，当代科技正式更名为武汉人福高科技产业股份有限公司。

"那个时候民营企业是不能上市的，必须要找一个'上市指标'。"王学海说。

"我知道那个阶段，也算是'红顶商人'。"我是熟悉那段历史的。借助国家计生委的"指标"，当代科技IPO，国家计生委下属的中国人福技术中心顺理成章地成为大股东——公司也就此更名为人福科技。

资料显示，中国人福新技术开发中心是1992年7月经国家计生委批准成立的经济实体，注册资金11000万元，主要从事计生、保健品等相关产品的销售。

那时候的王学海他们想到，当时国家计生委的业务之一就是面对全国行政系统和国有企事业单位发放避孕套、避孕药和避孕器具。"这三块业务（避孕套、避孕药和避孕器具）我们都做了，一个人负责一块，我就负责避孕套的事儿。"

听到这儿，我笑了。

在当时那个"谈性色变"的年代，彼时还只有20岁出头的王学海却要整天与套套为伍。"我那会儿在机关，知道有个计生办计生干事拿个大本，专门负责发放避孕套。"这让我想起了一段往事：一位中年计生女干部，有一次问一位老同志要几个避孕套，那位老同志多要了几个，结果被计生干部奚落了一番，"你这么大岁数要这么多干什么？肯定作风有问题！"

"是，那个时候是很害羞。"听完我讲的笑话，王学海有些腼腆地笑了。

冯仑生意经

在一定程度上，人福医药的诞生，包括上市后公司主营业务的选择与确立，是特殊历史背景下的特殊产物。但人福医药的管理层巧妙利用了当时的政策和市场资源，为今后公司的发展奠定了明晰的产业格局。特别是在组建杰士邦后，医药生殖健康产业进一步成为公司的发展共识。因此，整合资源、聚焦主业，绝不应该只是纸上谈兵，而应成为一家初创公司的必然选择。

为什么用"杰士邦"这个品牌？

选择了套套作为主业，但并不意味着王学海他们可以就此钻入"市场的安全套"，在被政府资源垄断的市场中高枕无忧。

"当时避孕套市场 90% 由政府采购后免费发放，真正市场流通的份额很小，大概 10% 都不到。"王学海他们当时的策略是：因为上市融资后有了钱，决定去收购一家安全套生产工厂。

这听起来是个不错的主意——手里攥着刚融到的钱，面对的又是关乎民生且"钱途"无量的领域。买一家现成的工厂，无疑可以快速切入这一市场。

可王学海的收购行动并不顺利。

"当时全国 6 家工厂，这 6 家厂因为政府定额免费采购，所以不愁销售，日子过得很好。"从 1997 年年底到 1998 年年初的三四个月时间里，王学海跑遍了这 6 家工厂。虽然有国家计生委领导打过招呼，但躺在"双轨制"上安逸过活的这些厂家都拒绝了王学海手中挥动的支票本。"谁都不愿意卖。"

山穷水尽之际，一次偶然，让王学海把目光投向了海外，也就此有了杰士邦的故事。

"我有一次出差去酒店下的一个小药店，想看看安全套到底是怎么回事。结果那些套套都是马来西亚生产的。"小店的避近，让王学海茅塞顿开——既然马来西亚、泰国等东南亚国家都是避孕套主要原材料天然橡胶的原产地，为何不去那里收购一家？

"用后洗净擦干保存，扑上滑石粉，放在小盒子内保存起来，以备下次再用，每只可用数次。"

绝大多数的"80后""90后"恐怕想不到这是什么产品的用法——这是中国20世纪80年代以前避孕套的使用说明书。由于原材料和工艺的原因，20世纪90年代之前，国产避孕套的品质大多不太稳定，用现在的话说，就是"用户体验"太差。

如果说小店的邂逅给王学海打开了一扇窗，那么彼时席卷东南亚的"金融海啸"，则为他推开了一道门。

"那时马币、泰铢贬值，何必再在国内买工厂？不如直接到泰国或马来西亚买一个工厂更合适。"想法既出，王学海第二天就登上了飞往马来西亚的航班，然后又去了泰国。一个多月的时间走下来，东南亚几乎遍地是全球避孕套品牌OEM的工厂，让王又有了新的想法——与其做一家生产制造企业，不如独树一个全新的避孕套品牌。

"为什么用'杰士邦'这个品牌？"这也是我一直好奇的地方。

"我们想把品牌掌握在自己手上。但什么样的形象能够让大家想到安全套？"当时正在国内热映的詹姆斯·邦德的《明日帝国》让王学海他们想到了"007"。

"这是个不错的主意，主角都很强壮。"提到"007"，我脑海里立刻浮现出邦德硬汉般的形象。

"不仅强壮、性感，还有点儿坏坏的感觉，比较受女性喜欢。"王学海显然对"007"这一形象有过深入的分析，"感觉'007'和安全套的调性很契合，我们就由詹姆斯·邦德延伸出了杰士邦品牌。"

按照王学海的想法，在当时混乱的国内避孕套生态环境下，市场中生存着上百个国产低端品牌，而"我们当时定位一定要做一个高端的、产品品质受消费者信赖和喜欢的，并且是一个可以长期延续的品牌"。

冯仑生意经

-

撷取产业链中的哪一段利润，决定了一家公司的产业前景和发展高度。从准备收购国内生产制造工厂，到计划"走出去"，再到打造一个属于自己的全新品牌……杰士邦在初创阶段便一步步修正着自己在产业链中的定位。这里面当然有运气的成分——封闭的市场把王学海推向了海外，而不期而至的金融危机让王有了"走出去"的可能。但其中，起决定性作用的还是杰士邦品牌的创立——以什么样的定位和形象示人？以什么样的品质打动人？

从不正经到正经，杰士邦的一大步

品牌有了，OEM 工厂也有了——有着百年历史的澳大利亚公司 Ansell 位于泰国的一家工厂（也正是这家百年老店，引发了杰士邦在资本市场的进进退退，这是后话），但毕竟杰士邦只是一个初创品牌，如何让杰士邦在彼时上百家安全套品牌中脱颖而出，并被消费者接受？这是王学海要做的。

不过，在当时还有"另一座大山"现实地压在王学海身上，这座大山就是消费心理。

"我记得改革开放以前人都特别害羞，比如内衣很少晾在阳台上，更别说早期的套套了。"我清楚地记得当时在单位领套套的时候，都是趁人不注意，拿好就走人。

"1998 年开始做的时候，安全套确实还是诲淫诲盗的产品。商场超市肯定没有卖的，在药店也是被放在角落里。"王学海没有回避安全套当时的窘境。

"那会儿去买套套都特不好意思，不像现在超市里随便抓。"现在套套在商超的陈设，让我想到了收银台边上的口香糖，"所以说要感谢'箭牌'，套套就在'箭牌'边儿上。"

但令我没想到的是，套套进商超竟然是王学海他们第一个做的。

在此之前，抱着先在安全套市场"混个脸熟"心态的王学海也曾做过另类的尝试。

1998年10月，也就是杰士邦成立后的当年，杰士邦大胆地在广州市80辆公共汽车上做起了广告——"无忧无虑的爱"。然而33天后，这个广告被工商部门发文要求撤下。

这一事件营销后，杰士邦拥有了无可比拟的曝光率与知名度，却难以将品牌效应转化成丰厚的效益，"公司几乎要承认投资失败"。

"偷偷摸摸"打广告的时代结束后，杰士邦开始转变思路——借在国内日益受关注的艾滋病，重新梳理自己的品牌定位。

"因为艾滋病在中国是令大家恐惧的事儿，但目前为止防艾滋病效果最好的其实还是套套。"王学海轻描淡写。

"套套排第一？"我追问。

"肯定排第一。"王学海笃定回答，"我们让消费者慢慢接受，安全套不是一个很'坏'的东西，是好东西，能够防止艾滋病、防止性病的传播。"

从避孕套到安全套，改变的不仅是名字，更是消费者对套套的认知。

"这个跟从业者，也包括我们这些企业的推动是有关系的。"王学海莞尔道，"安全套这个名字是杰士邦最早起的，我们一直推广叫安全套，不叫避孕套。"

与给套套更名相呼应的，是杰士邦渠道的改变。

王学海在多次赴海外市场考察后发现，国外安全套品牌都将超市、商场作为主渠道。这给了他新的启发——能否把杰士邦也带入商超? 然而，这并不是件容易的事情，彼时还被定义为医疗器械类产品的安全套，在观念保守的人们的眼中，只能在传统药店的渠道中销售。这让王学海最初的尝试四处碰壁。

"当时武汉中百、华联等商超都不愿这样做，他们说，'我们是正经的地方、正经的超市，怎么卖你的（不正经的）产品呢?"王学海惟妙惟肖的讲述，听得我不禁大笑起来。

"所以没办法，我们就找'不正经'的超市。后来我们找到了家乐福。"家乐福四五个月的试点带来的显著效益，随后让其他商场纷纷效仿。如今，杰士邦直接掌控的销售终端已达 2 万多个。"杰士邦是国内第一家以商超为渠道的安全套品牌。"

从最初偏居超市一角，到最后登上超市收银台位的"大雅之堂"，改名为"安全套"的套套，终于从"不正经"变得"正经"起来。

冯仑生意经

从"不正经"到"正经"，是杰士邦发展的一大步，也是杰士邦从 2000 年到 2009 年这几年间得以快速发展的主要原因。受益于品牌形象的重新定位、事件营销的精准拿捏，以及渠道布局的拓展创新，杰士邦由原本亏损千万元，摇身一变成了人福的"现金奶牛"。

其实在这个阶段，王学海对杰士邦所做的核心的一件事就是对消费者的教育——通过更名，杰士邦改变了公众对套套的认知。这是杰士邦的"道"，至于事件营销、渠道拓展等，都是"术"这一层面的事情了。

王学海自己把杰士邦在这段时间快速发展的原因归结为两点：

第一，在品牌上做了很多工作，无论是与世界卫生组织合作，还是推广一些品牌事件，都让公众更加关注安全套市场，"那个时候我们就发现，如果你卖一盒药，没人关注你，如果你卖安全套，随便你做件什么事情，大家都会传播"；第二，在渠道上做了很多拓展，连锁药店、商超、便利店、第一家安全套售卖机，等等。

杰士邦"留洋"，亏了还是赚了？

正如王学海所言，在借助预防艾滋病的推广使用阶段，包括杰士邦在内的整个安全套市场每年都得以保持 20% 以上的增长速度。

"现在全球安全套消费市场的比例中国是最多的吗？"我问。

"肯定是中国，中国人多。"王学海回答，"中国是销量最大的，一年销售五十多亿只，也是市场增长率最高的。"

"全世界人均使用量最高的是多少？"我追问。

"应该还是美国，人均一年 10 只左右。"王学海答道。

"如果按成年男性算，那人均一年就 40 只左右了。"我继续算账并追问，"中国呢？"

"中国大概是美国的三分之一吧。"王学海给出了答案。

我之所以算账，是意识到中国市场的巨大潜力。但意识到这一点的，并不是我一个人。

随着中国市场持续快速的增长，杰士邦的外方合作伙伴，也就是给杰士邦代工的那家澳大利亚公司——Ansell 眼热了起来。

"看着（杰士邦在）中国市场每年翻番地增长，Ansell 急眼了，一直对我们说，能不能多占点儿股权？能不能控股？"王学海终于说起了我最感兴趣的话题。

"所以我说最近发生了反转，就是你们把老外的股份买过来了，又变成控股了。"我是大致了解这件事情的经过的，"那现在是怎么个考虑？"

"这个故事也挺好玩的。"此时的王学海显得异常平静。

在 1998 年成立杰士邦后，王学海便曾与 Ansell 有过一番讨价还价。彼时，Ansell 并不愿意为一家来自中国，并且是一个全新品牌的杰士邦代工。"后来我们做了很多的工作，同时出了很高的价钱。比如，给别人（代工）是 5 美元，给我们就 6 美元、7 美元。"不仅如此，杰士邦还许诺，在获得最好的产品的前提下，Ansell 可以入股公司。

2006 年 2 月和 2009 年 8 月，人福医药分两次向 Ansell 转让了 75% 的杰士邦的股权，为人福医药获得了超过 1.6 亿元的现金；而杰士邦也摇身一变，成了不折不扣的"洋品牌"。

"但从 2006 年开始，过去 10 年 Ansell 做得太保守。"王学海坦言，因其决策机制、安全套产品在公司业务中的定位，以及对中国市场适应性较差等原因，杰士邦在 Ansell 手中做得并不好。

这也催生了王学海回购杰士邦的想法。"大概从 2010 年开始我就跟对方谈，我说你就卖给我算了，还让我控股，我保证做得更好。"

Ansell 并不领情，毕竟虽然在中国市场增长缓慢，但在全球范围内，杰士邦的业务依然技压群芳。时断时续的回购谈判在 2016 年终于有了眉目。"2016 年初，Ansell CEO 给我打来电话说，董事会开会决定可以考虑出售（杰士邦股权），我会第一个通知你。"

此时的杰士邦虽然紧随杜蕾斯，屈居中国市场第二位，但在全球三十多个主要市场中，有 6 个第一，估值也达到了 8.5 亿美元。这个价码，较 10 年前杰士邦的售价整整高出了 40 倍。接下来的谈判的艰苦程度可以想见，"但是按照中国的《公司法》，我们作为小股东有优先购买权，这是我们的秘密武器"。最终，在 2017 年，人福联手中信资本击败全球三十多个买家，以 6 亿美元重新将杰士邦纳入怀中。

"杰士邦品牌本身就是中国制造的一个很有意思的故事。我们开始是学别人，然后因为我们在本土市场的优势，等市场起来后，反过来研发制造跟上，再去把品牌拿过来，最终形成一个中国企业完全主导的完整的品牌。"这是听完王学海讲的"故事",我自己的一点思考。

冯仑生意经

-

在杰士邦的发展历程中,2006年、2009年和2017年的三次股权变更绝对是值得关注和仔细研判的事件。尽管人福方面并不愿对出售的原因做过多解释,且为此仅在账目上便"浮亏"了近40亿元,但单就杰士邦来说,11年的海外历程至少在强化其品牌高端属性及全球渠道拓展方面获益颇丰,尤其是后者,使之成为一个不折不扣的全球性安全套品牌。这样的无形资产的增值,在未来或将远远大于人福为之"多"付出的40亿元。

另一个值得关注的,是人福方面对杰士邦的股权安排。两次出售后,人福仍保留了杰士邦的5%的股份,正是利用这5%,人福获得了优先收购权。

采访完王学海,让我对杰士邦有了更全面的认识。这种认识不仅来自企业经营层面,以及由此提炼出的样本意义,更来自正在进行中的中国制造的转型升级——杰士邦的故事,其实就是一个中国品牌成长和强大的过程,杰士邦真正做到了让品牌和硬度相匹配，和我们发展时间的长度相匹配。

杰士邦的成长，也是我们逐渐强大起来的一个写照。

冯言冯语（一）：向杰士邦学什么？

坦率地说，杰士邦并不是一家大公司，即便其估值曾一度达到八亿多美元，但这个规模和现在大多数初创公司相比小巫见大巫。杰士邦也不是一家快公司，其对原材料和生产工艺的依赖决定了只能采取稳扎稳打的经营战略。但杰士邦走到今天，仍有许多值得称道和思考的地方。

一、在小产业里赚钱的制胜秘籍：做细分产业的领导者

杰士邦所处的安全套行业，绝对算不上一个大产业。到今天整个行业五十多亿元的市场规模，尚不及足疗业的十分之一。要在这样一个盘子并不大的行业里安身立命，就一定要成为这个行业的领导者。王学海把杰士邦的战略称为"细分市场领导者战略"，即，想保持企业较高的盈利性并能长远发展，核心不是销售额，而是市场占有率——市场占有率高，盈利率一定高，反之亦然。而如果不能成为一个细分市场的领导者，那么就创造出一个新的市场，并继续领导这个市场。

除了做产品领域细分市场的领导者，杰士邦还有另外两个"第一"——第一家改"避孕套"为"安全套"的生产厂家；第一家以商超为渠道的安全套品牌。前者，教育了消费者，改变了公众对安全套的认识，树立了良好的品牌调性；后者，极大拓展了销售渠道，并且占据了先发优势。

二、移动互联网时代，品牌营销更要善于借势

品牌和营销的重要性不必赘言，我想说的，是关于营销活动的借势。

在没对杰士邦有深入了解之前，我和大多数消费者一样，认为这是一家洋品牌。为什么会有这样的认识？大概都是因为"杰士邦"这个洋气的名字。这个名字如何来的？想必现在大家都知道了。其实，这就是一种借势——借"007"电影的势。通过电影，人们一下子知道并记住了这个品牌。

在杰士邦的初创阶段，互联网尚未普及，更不要说移动互联了，但杰士邦似乎天生自带"互联网营销"的基因。比如1998年在广州玩出位的那次"车身广告门"，放在现在看，绝对是一家互联网企业做的事。到后来，杰士邦利用舆论对艾滋病的关注，推出了"安全套"的概念，这也是一种互联网思维下的借势。

借势还包括相互借势。大家现在都说杜蕾斯的文案好，但

是在十年前，杜蕾斯是跟着杰士邦玩儿的。王学海说，中国的安全套市场杰士邦和杜蕾斯是作了巨大贡献的——杰士邦做了第一阶段，把安全套从一个难以启齿的产品做成了一个大众产品；第二个阶段是杜蕾斯做的，让套套变成了一个好玩的产品。所以，CP 之间的相互借势，才能共同把这个市场做大、做好玩儿。

三、保持核心竞争力，创造需求、引导消费

套套再小也需要创新，业务再细也得保持"直和硬"。

公元前 2000 年，安全套出现在古埃及人的生活中，被称作"阴茎套"，当作装饰品挂在男性身上，是财富和地位的象征。4000 年后的今天，安全套似乎有回归其"社会属性"的趋势。

在杰士邦的产品规划中，甚至出现了类似手机"定制版""豪华版"的安全套，也就是在套套上写上名字，或雕上花。

这样创造需求、引导消费的创新听起来有些匪夷所思，却是杰士邦保持核心竞争力的所在。当然，要生产出这样的产品，就必须有原材料和生产工艺的创新与之保持同步。以聚氨酯为材质做的安全套有较强的韧性和导热性，弹性不及乳胶，像一个塑料袋子。但可做到 0.03mm 的超薄厚度，增加使用者快感，关键是不会像以乳胶做原料的套套带来的过敏。

其实，无论是产品的创新，还是生产工艺及原材料的创新，都是为了保持杰士邦的细分市场领导者的地位。这一点，一定要坚持。

冯言冯语（二）：硬起来后更要健康

我曾读过一本叫《卑微的套套》的书，套套在一定的社会阶段内确实被认为是"不雅之物"，人们羞于启齿。但是，杰士邦解决了从害羞到不害羞的过程。因为避孕这个事儿多少还有些害羞的感觉，但安全是不存在害羞的，并且是第一位的。在中国人的健康生活中，杰士邦确实扮演了一个非常重要的角色。

健康有不同的内涵和外延，就杰士邦所在行业来说，大致分为性健康（安全防病）、生育健康（计划生育）和国民心理素质健康。什么是国民心理素质健康？同样放在安全套所处的领域，就是一个小小的套套实际上给我们整个的生活解了套——套住了局部，却解开了全生活链条当中的一切束缚，让我们的身心得到了很多释放。

从这个层面上说，这个小小的套套实际上反映了我们国家三十年来的一种进步，就是一代比一代更健康；这也是民族复兴的一个重要指标。因为，我们的复兴不仅是脸上的复兴，胸脯要挺起来，关键是硬起来后也要健康。

套套虽小，关乎千家万户。安全是生命的保障，安全是我们真正强大的依托和出发点，安全也是一切幸福的开始，所以我们别忘了安全。

藏在中关村的"3W 咖啡"

2019 年 5 月 9 日，一个再平常不过的工作日。但这一天，美国软件巨头甲骨文中国区裁员近千人的消息刷爆了朋友圈。

比朋友圈消息扩散更快的，是招聘网站拉勾网当天火速上线的"甲骨文人才专场"。尽管没有确切的数字统计那一天拉勾网的独立访客数量有多少，但拉勾网的这一风口起浪之举，的确吸引了不少业界的关注。

其实，在主舞台一侧疯狂起舞，拉勾网并不是第一次干这种事了。而其背后的主角，正是拉勾网联合创始人、CMO 鲍艾乐。

鲍艾乐还有一个身份——"3W 咖啡"的联合创始人。这家总理曾亲自造访的咖啡店，在一夜之间成了"网红"。

*　　　　*　　　　*

深藏在海淀的中关村创业大街，被不少创业者奉为创业的"朝圣之路"。这么说似乎并不过分，车库咖啡、36氪、联想之星、飞马旅……这些年这里曾走出去不少成功的创业团队。

埃隆·马斯克曾经说过："所谓创业，就是嚼着玻璃凝视深渊。"

2017年9月的一个晚上，我便在中关村创业大街见到了一位"嚼着玻璃"在江湖闯荡的年轻人——"3W咖啡"的创始人鲍艾乐。

鲍艾乐出生在山东临沂，这个地方曾走出了诸葛亮、王羲之、蒙恬、颜真卿等很多"神人"。

"80后"鲍艾乐在一定程度上，也是一位"神人"。

2005年机电专业毕业的她，正赶上2006年至2010年间中国互联网的超高速发展期。在那5年间，中国互联网的普及率从10.5%狂飙至34.3%，腾讯依靠QQ和游戏建立起一个帝国，搜狐以北京奥运会互联网内容服务赞助商的身份迎来了企业生涯的巅峰。鲍艾乐也在这几年间先后任职于这两家企业，直接感受到了国内互联网的第一个狂潮。

在2010年，鲍艾乐离职了，扔掉了十几万的年薪。也就是这一年，3W咖啡出现在了中关村创业大街上。

"你们是一开始就想做咖啡，还是先想做别的事？"顺着鲍艾乐的 3W 咖啡馆的楼梯登上二楼，我边走边问。

"其实我们一开始就只是想众筹一家咖啡馆。"鲍艾乐小心地回答，似乎还有些刚见面时的拘谨。

其实鲍艾乐是一个见过大场面的创业者。3W 咖啡馆的联合股东里，随便说几个都是大咖——去哪儿 CEO 庄辰超、学而思创始人曹允东、盛大无线总裁高波、新东方联合创始人徐小平、红杉资本创始人沈南鹏……就连总理也曾光顾过。

"但是在微博上发酵起来后，想加入 3W 咖啡的人太多了。"坐定后的鲍艾乐继续讲着咖啡馆的故事，"人太多就会失去我们一开始想要的互联网主题，于是我们开始限制股东的种类，非互联网行业的人不能加入。"

"土豪也不行？"我打岔道。

"土豪也不可以。"鲍艾乐笑了，"我们当时认为，你（众筹股东）的思想、生活，都要跟互联网紧密相关。"

但那时的鲍艾乐其实有一阵子是笑不出来的。

3W 咖啡馆经营之初并不太顺利，鲍艾乐甚至想到了关门，"但我们的股东中有很多大佬，如果关门了，会显得我们几个不太能干。因此我们决定撑下去，不停找赚钱的方式。每三个月定期开一次内部股东会，所有大脑袋们碰到一起，深度交流行业的内幕信息。"

头脑风暴的结果，是把 3W 咖啡馆定位成一个孵化器，并且陆续创立了拉勾网等六家公司。

　　"我看到你们现在除了咖啡，还涉及媒体、孵化器、基金等，这些事情是都在一个公司名下呢，还是分成若干个平行的公司？"我问道。

　　"我们把它分成平行的几个公司。"鲍艾乐如实回答。

　　"那你们是'并联'，不是'串联'，这里头有些讲究。你仔细研究的话会发现很有意思，包括李嘉诚在内的东南亚所有家族企业和大佬，他们一会儿把公司'并联'，一会儿把公司'串联'。"

　　"这是为什么？"鲍艾乐有些不解。

　　对于曾经的那段"江湖"，我是研究过的——企业往往把风险大的、负债高的公司放在下边串联着。因为如果企业串联，都保持 50% 的控股，第二层公司就只剩 25% 不到，到第三层以下，就没有什么分红的意义了。"你看那些大佬就从来都不慌张，破产就破产吧。一旦快成了，再拉出来并联，市值又一下子上去了。"

　　听完了大佬们的生意经，鲍艾乐频频点头，话题也回到了 3W 咖啡孵化器的定位。

　　"我们想把 3W 咖啡做成'3W 空间'，让创业者以外的更多人入驻。"

"那你的'3W空间'和毛大庆的'氪空间'[1]是一样的吗？"我追问。

"我们的定位是希望在这个空间的人能拥有良好的工作环境。"鲍艾乐解释说，"中国是中小企业最多的国家，但这些企业的办公空间却恰巧相对恶劣。"

"从房地产的角度看，你们这就相当于二房东生意。你租一个空间，然后把它重新分割，做一个增值服务，再转租给别人。"对于鲍艾乐说的这种业态，我是熟悉的，"你创造的增值部分和你付出的成本是成正比的，要是摊在每一个位子上，很有可能造成每一个工位的租金与一个成熟的办公空间差不了太多，而它唯一的好处，可能就是热闹。"

在全世界，二房东没有一个做成大公司的，但我并不想打击鲍艾乐，于是我建议她："假定说你要做，也可以，但不要做那么多。"

1　36氪旗下以联合办公为载体的创业服务平台。

冯仑生意经

-

关于企业间的"串联"和"并联"。通常情况下，当企业间的股权关系为"串联"时，离自己越近的企业，现金越多，风险越少，流动性越好，控制力也越强；反之，离自己越远的企业，控制力越弱，负债越高，风险也就越高。所以，风险比较大的业务，一定要放在"串联"最底下。另外，从现在创业公司常见的股权激励设计来看，"串联"式的架构并不会影响股权激励制度的安排。当然，如果创业公司用的是风投、天使这类别人的资本，"并联"也没有关系。

关于"共享空间"。我和鲍艾乐聊天时提出过一个问题——站着、坐着和躺着，哪个最赚钱？答案是"躺着"。

如果我有一个"空间"，这个空间是广义的，比如购物中心，站着进来溜达的，肯定不如坐下来吃饭赚钱；同样，坐着吃饭的，没有躺下接受美容、桑拿等服务业，以及躺着睡觉的酒店赚钱。更极端一些的，出租冰柜的殡仪馆最赚钱。所以，作为一个共享空间，或者说共创空间，怎么让租客们坐下来是一门大学问。当然，坐下来的同时，又如何降低物业成本、提高资金运营效率同样重要。提高资金运营效率，就像开饭馆，要不停地翻台，因为并不是空间越大越赚钱；降低物业成本，可以去找一些做得不好的写字楼、酒店，甚至废弃的厂房。

冯言冯语：创业公司在成长过程中，有四件事特别重要

3W 咖啡，单从名字上就知道这是一个具有互联网属性的创业项目。

在我们那个年代，创业都是从读懂江湖开始的。江湖是什么？都说有人的地方就有江湖，只有读懂了江湖，才能确立自己的位置。商务、生意，那都是后话；至于现在炙手可热的电子、互联网，我们那一代人只是赶上了个尾巴。

可现在不一样，现在的创业者是从电子、互联网开始的，然后开始学习商务，而江湖对他们来说可能只是一个传说罢了。

一切都倒了过来，但这并不奇怪。社会在进步，技术的迭代更快了，业态的形式更丰富了，但无论顺序怎样，创业的江湖属性并没有改变。

在 3W 咖啡的官网上有这样一句话——"找到 3W Coffice，找到理想的办公空间"。这非常清晰地表达了它的定位：一个孵化器般的共享空间。

如今年轻的创业者，迫切需要的是一个平台，一个能够避免

他们在刚起航时就被这个时代击沉的孵化平台。

除了给年轻的创业者提供一个有效的孵化器，我认为在创业公司的成长过程中，还有四件事情特别重要。

第一个是治理。股东之间、经理人，还有员工在公司治理过程中各自应该做些什么，这是长期存在的过程；第二个是资本，即钱。在创业过程中，你为了钱总是需要融资；第三个是政商关系，你跟政府各部门、外部环境的关系；最后一个当然就是"人"，怎么管好人。

这些事情在早期时都不太清楚，但现在至少在公司治理这件事上，普及得已经比较多了；融资现在也比较好解决，有投行、财务顾问这样的专业机构去帮你做，你只需要有一定的概念；政商关系需要根据不同行业做不同的应对。最后，用人这个事，真是法无定法了，每个人可能都有自己的心得。

二十年前，因为没有《公司法》，这些事都得自己折腾，用江湖的方式处理，所以那时我研究了很多"土匪"的游戏规则，最后才弄清楚江湖上怎么去当"大哥"，怎么去处理这些事。

现在《公司法》非常明确，创业的成功率应该比原来高，而且市场机会比原来要大很多。但是同样地，挑战和竞争也多了。

·

粗旦

李白的诗到底卖了多少钱

洛阳，十三朝古都，因位处洛水之北而得名。这里不仅是《诗经》《洛神赋》的故乡，更是历代诗人荟萃之地。"诗仙"李白曾几度赴洛，与"诗圣"杜甫双星相会；白居易终老洛阳，长眠于香山琵琶峰下；李清照随父定居洛阳，留下了无数佳句……

有诗云："河洛自古富才强，汉魏文章半洛阳。"到了洛阳，又怎能不赋诗、品诗，去一览诗词背后的故事？

*   *   *

我在 2017 年 9 月去过洛阳，对这座有着"半部中国史"之称的城市颇有好感。

洛阳市文学艺术研究会执行会长乔仁卯告诉我，在《全唐诗》五万多首诗里，仅杜甫留下写洛阳的诗就有一千多首；李白写洛阳和在洛阳写的诗，有46首，是最少的；最多的是白居易，留存到现在的有三千一百多首。

不仅如此，最为珍贵的是，李白和杜甫的第一次见面可能就在洛阳城。

牵着手喝大酒，吟诗作乐，齐聚洛阳。今天就和大家聊聊李白和李白的诗。

洛阳诗人的"朋友圈"

我是在洛阳正山堂书画院见到刘黎平的，个子不高、头发有些凌乱的他，却凭着用古文写"史记"从一万多个微信公众号中脱颖而出。

"洛阳作为帝都有很多故事，李白跟杜甫各算一个。"刚刚坐定，我就开门见山，"这哥儿俩在河南还有交集吧？"

"有交集。"刘黎平点头称是，"有三次交集。"

"他俩怎么来往的？"我很好奇。

"其实唐代诗人是有自己的'朋友圈'的。"刘黎平说，洛阳有一个诗人的圈子，而李白因为给杨贵妃写过几首"流行歌曲"，在长安已经小有名气。

"李白当时在长安当个小官，是不是也不太得志?"我问。

"不算小官，级别还可以。"刘黎平说，当时李白官至翰林大学士，虽然没什么权力，但地位颇高，"关键是唐玄宗请他给杨贵妃写的诗。"

那是天宝年间的一个春日，唐玄宗和杨贵妃在宫中的沉香亭赏牡丹，宫中伶人正准备表演歌舞助兴，唐玄宗却说："赏名花、对妃子，岂可用旧日乐词?"于是，艺术修养颇高的唐玄宗便诏李白进宫写诗，这才有了"云想衣裳花想容，春风拂槛露华浓"的千古绝句。

唐玄宗怎么会突然想起李白?这源于唐代科举考试体系中一种流行的做法——行卷。

"行卷，就是拿着自己的诗到处给别人看，以求博得别人的赏识。"我想起了古代的行卷，李白也是这样，结果被皇帝看上了。

"李白是唐玄宗的妹妹玉真公主，还有唐玄宗的师傅司马承祯帮他推送的，结果推送到了唐玄宗的朋友圈里面，然后见到了杨贵妃。"刘黎平说，那一年，李白43岁，一举成名。

"那李白为什么去了洛阳?"我不解。

"在宋代前，洛阳一直是中国的首都，是经济、文化的中心。"刘黎平似乎沉浸在彼时洛阳的雍容华贵之中，那时安史之乱还没有爆发，李白博得唐玄宗龙颜大悦后，就到处游山玩水，来到了洛阳，并经朋友介绍，结识了比自己小 11 岁的杜甫。

"别人说杜甫的诗写得还行，就把他推给了李白。"刘黎平把李杜的相识描述得活灵活现，"李白没什么架子，扫了个'二维码'就认识了。"

初次相逢，二人颇有相见恨晚的感觉，于是便相约出游——"醉眠秋共被，携手日同行"，便是李白对他和杜甫关系的最佳写照。在开封，李杜又遇到了以写边塞诗出名的高适。

"这三人就千里同行，一路上写诗饮酒，结下了深厚的友谊。"刘黎平形象地把三人比作"玩诗的驴友"，"到处晃，到处走"。

李白是个"富二代"

"问题是谁养活他们？又是哪儿来的钱？"我说出了心里的疑惑——留下千百篇光鲜诗作的背后，诗人们庸俗的日子是怎么过的？

"这个您不用操心，有人替他们买单。"刘黎平哈哈一笑，

"他们（唐代的诗人）当中，有些是当官的，有的是有家底的，还有一个是靠打赏——写诗打赏。"

"那李白的钱很多吗？"我继续追问。

"李白很富的，因为他老爸是个富商，很有钱。"

"原来是个'富二代'。"我恍然大悟。

李白有诗"千金散尽还复来"，说的是"诗仙"本人视金钱如粪土，金钱乃身外之物。可有一点还是能从诗中推理出来——按诗词本意，首先要有"千金"才有机会"散尽"，可见"诗仙"确实是个土豪。

"李白绝对是'富二代'，会喝酒，会玩剑，会写诗。"按照刘黎平的说法，李白从成都出发，带着老爸给的盘缠一路向东，直到在湖北安陆遇到唐朝初年宰相许圉师的孙女，并结为伉俪，入赘许家成了上门女婿。

"'富二代'娶了'官三代'，李白这命好。"感慨之余，我依然困惑，除了家里的钱，李白靠什么收入？

"桃花潭水深千尺，不及汪伦送我情"——李白的这首《赠汪伦》家喻户晓，却也是一首"硬植入"的诗，植入了汪伦这个人。

"《赠冯仑》这诗你知道吧？"说到嗨处，刘黎平把汪伦口误成了我的名字，"汪伦并不是什么名人，但通过这首诗，后人都知道了他。"

类似"赠某某"的诗，李白还写了很多；通过这种"硬植入"，李白收益颇丰。后来清朝的袁枚考证说，当时汪伦送了李白八匹骏马换来了自己的留名千古。

"这是靠广告收入，真没发现李白还干这事。"李白巧妙的商业手段，再次颠覆了我的认知。

有人说，唐诗里面有一种"炫富诗"，堪比《小时代》，说的就是李白。"诗仙"那首《将进酒》写得好："五花马，千金裘，呼儿将出换美酒，与尔同销万古愁。"字面意思很好理解，吃穿用度都是奢侈品。

"诗仙"爱酒众所周知，但是"诗仙"喝的酒也是名牌酿造，"金樽清酒斗十千"说的就是一斗酒要卖十千文，要知道"斗十千"乃是中国诗人给高级美酒定下的标准价格，从曹植"美酒斗十千"以来一直沿用。对比杜甫"早来就饮一斗酒，恰有三百青铜钱"的寒酸，李白确实出手阔绰，而且喜好写诗炫富。

大宋第一"房地产经济学家"

"李白算是一位活得不错的诗人，那其他的人呢？比如杜甫，他的夫人也是名门之女。"我问起了杜甫。

"杜甫稍微困难一点。"刘黎平说，因为杜甫是去世四十多年后才出名，所以打赏没李白那么多。

"这么说杜甫在世的时候是个'小号'。"我打趣道。

"的确不是'大号'。尽管那个时候没有网络，但唐代社会的传播速度同样很快。"刘黎平讲起了杜甫的生平。

虽然混迹在唐代诗人的朋友圈，但打开并点赞杜甫号的人并不多，直到有一个叫元稹的人发现了杜甫，并给他做了推送，杜甫才成了"大咖"。

"不过杜甫也是有吉人相助的。"刘黎平继续着。

杜甫与严挺之[1]关系很好，而严挺之的儿子严武后来做了四川的节度使，"非常照顾杜甫，给了他几亩地，建了草堂，并且给予免税政策。"

成都的杜甫草堂便由此而来。流寓成都的杜甫先后在草堂生活了近四年，创作诗歌二百四十余首，直至严武病逝。失去唯一依靠的杜甫，只得携家带口告别成都，两年后经三峡流落荆、湘等地，并最终因饥饿客死在潭州。

"杜甫也是依附于官僚。"我唏嘘道。

1　唐代高官，曾任尚书左丞。

"杜甫确实很不顺，写了不少忧国忧民的诗。"刘黎平长叹一声。

"李清照的后半辈子似乎也不太好。"聊完了杜甫坎坷的一生，话题转到了宋代的李清照。

"对，她只是失去了保护。第一任老公死于战乱，后来嫁了个坏人又被骗了。最后只能沦落在杭州街头靠卖金石字画为生。"刘黎平说。

史料记载，李清照也算出身贵族，其父李格非与廖正一等被称为苏门（苏轼）"后四学士"。李父曾在居于洛阳时写过一篇看空洛阳房地产的文章，被收录在《古文观止》里。

"大宋第一'房地产经济学家'？"这引起了我的兴趣。

"李格非讲洛阳和平的时候房价很高，但一旦发生战乱，房子就被毁掉，整个城市也成了废墟。"刘黎平说，李格非当时已预感到大宋将有更大的危机，看空大宋房地产市场的分析报告——《洛阳名园记》，由此而来。

"那洛阳这个诗人圈还有谁？"我继续八卦。

"韩愈、王维、柳宗元、孟浩然。"刘黎平脱口而出。

"那几个哥们儿的生活经济状况怎么样？"

"王维很优裕。"

"王维怎么优裕？"我刨根问底儿。

"他在长安是有豪宅的。"刘黎平哈哈一笑，转而说起了孟浩然。

孟浩然也混迹于李白和王维的朋友圈，并曾是李白第一任夫人的媒人。有了这层关系，王维把他拉进了唐玄宗的朋友圈。但孟因作错诗而被唐玄宗冷落，终身再也没做官。

"韩愈呢?"我继续问。

"韩愈一开始也是穷得叮当响，但后来写了一篇《进学解》而受到赏识，就此脱贫。"

诗人都是"公务员"

杜甫的颠沛流离、李清照的命运多舛、孟浩然的郁郁寡欢……聊完了诗人朋友圈的这些不得志，我的助理此时插了一句——

"刘老师，您说那个时候是因为有了才华，才有钱、有地位，还是因为有地位、有钱，才能把自己的才华推出去?"

没想到，这个问题却引出了唐代诗圈最会炒作的一个人。

"这个很难说，我只能讲一个故事。"

刘黎平的故事的主角是陈子昂。作为初唐时期诗文革新人物之一的他，诗写得好，但阅读量并不高。后来陈子昂想到了一个高招：花重金从北京买了一把琵琶，并召集了长安的社会名流来听他演奏。不承想，人到齐后，陈子昂却当众焚烧了那把琴，大呼道：这算什么东西？我写的诗才叫好！

"就这样，陈子昂一举成名。"

"这绝对是炒作。"刘黎平说得一本正经，我却忍俊不禁。

刘黎平不为所动，又说起了高骈。"选入了《千家诗》的诗人，最有钱的可能就是高骈了。"

曾留下"水晶帘动微风起，满架蔷薇一院香"的高骈，不仅写得一手好诗，并且官至节度使，是唐朝末年颇有作为的大将军。

"那会儿他们怎么寻欢作乐？""最有钱"的高骈又勾起了我的好奇。

"喝大酒，吃大肉，投壶。"刘黎平回答说，就是把箭投向壶里这么简单的助酒游戏，那位大名鼎鼎的司马光还曾专门写过一本怎么投壶的书。

"除了投壶，还有雅集。"我补充道，"但除了需要酒色，有时候写得一手好诗还要靠另一件事——社会要变动，集聚的事多，情绪才会复杂。"

这一点在洛阳尤为突出。

"安史之乱后洛阳的荒芜刺激了诗人，尤其是杜甫，专门写了一首《洛阳女儿行》，用以揭露杨贵妃兄妹他们的那种炙手可热的权势和奢侈荒淫的生活。"刘黎平再次提到了杜甫的不爽。

"这是一类题材，讲究社会性、批判性。这类题材的诗都给谁看了？"我问。

"那会儿写这种题材的，杜甫的看的人少，白居易的看的人多。比如《卖炭翁》。"刘黎平说，不过，白居易因此遭祸，"很多人说，你看那个姓白的，领着朝廷的俸禄却讽刺朝廷。"

遭到朝廷排挤的白居易被贬到江州做司马，却不料成就了千古绝唱《琵琶行》。

"那时候他们这些诗人跟朝廷是什么关系？"

"绝大部分是朝廷的官员。"刘黎平罗列了一堆官衔——杜甫是拾遗，李白是青莲学士，张九龄是宰相，白居易是刺史……"其实唐朝的诗人，混得特别背的还真不多。"

如此看来，唐代的诗人们养活自己没什么问题，即便单纯以写诗为生也能对付过去。但在今天，纯粹的诗人过得很艰难。

我有个朋友，王功权，专门搞了研究院支持作格律诗；企业界另一个最爱玩诗歌的是黄怒波，也成立了一个诗词研究会。但更多的诗人吃饭问题都没解决，给他钱的人还在挣钱的路上。所以，这种情况下，拜托诗人们等一等，走慢点儿。

冯言冯语：文化繁荣离不开经济基础

洛阳的诗人群体的朋友圈非常有趣。

在那个时代，我发现他们的日子过得还算不错，有吃有喝有钱有地位，朝廷对他们还很眷顾。

这对我们今天的文化繁荣，有一些小小的启发。

第一，文化要繁荣，一定是一个社会昌明、进步，经济繁荣的时期。只有在这个阶段，文化才会有非常大的盛开的机会。

第二，文化人得有底气，得有经济作为支撑。有了这两点，作为文化人才能够有一个基本的创作状态和创作激情。

文化繁荣离不开经济成长，离不开文化人自身的经济独立，同时也离不开人与人之间良好的相处方式。

总之，看了李白的好日子，心向往之。

吃醋的人生

到了山西怎么能不吃醋? 满街的醋香，满嘴的醋意；山西人爱吃醋，醋是山西人的代名词。俗话说，"山西人是阎锡山的兵，缴枪不缴醋葫芦""家有二两醋，不用请大夫"……

山西制醋的历史悠久，据《尚书》记载，远在公元前 12 世纪，晋人就有了食醋的习俗。这么说来，制醋至少已有 3000 年历史。

酿醋业遍布山西城乡，可谓家家有醋缸，人人当醋匠。可人们为何爱吃醋，这醋怎么吃，吃醋和商品社会又有什么关系?

*　　　　　*　　　　　*

在中国的商业版图上，晋商绝对算得上一号。不过，今天我想和大家聊聊醋。

2017 年 10 月的一天，《冯仑风马牛》节目组给了我一个策划，说："冯董，这期做山西，但不是您熟悉的晋商，而是——醋！"

我大惑不解，这一平时生活中离不开的调味品，有什么好说的？

直到见到《舌尖上的中国》总顾问二毛，并和他谈了一个多小时，醋才激发了我的灵感——原来，这一酸爽的东西，竟然蕴藏着如此丰富的内涵。

一斤山西醋能顶一瓶茅台酒

"我们汉族人从什么时候开始对酸有感觉的？"见到二毛，我开门见山。

"在周朝的时候，就有酸这个东西了。"二毛的回答有些出乎我的意料，我追问："就是吃东西的时候，有酸这个口味了？"

"没错，作为调味也好，作为味觉也好，已经有酸了。但那时主要是说梅这种植物，望梅止渴嘛。"二毛抬起手，用手指触摸着喉咙，做吞咽状，"说到'酸'这个字的时候，最容易这样。其实就是生津。"

《尚书》有云："欲作和羹，尔惟盐梅。"梅捣成梅浆，叫作"醷"。

"那形成'醋'这个字，是《说文解字》前就有了吗?"我继续追问。

"醋的形成，在春秋战国的时候就有了。不过，和很多其他无意中形成的食物一样，醋的发明也是无心之举。"提到醋，二毛又无意识地咽了口唾沫。

二毛说，最初的醋来自放在马槽里经雨水浸泡后发酵的酒糟。我也听说过一个版本，说醋的祖神是帝予。帝予，又叫"黑塔"，是民间传说中的上古酿酒神杜康的儿子，民间曾有"杜康造酒儿造醋"的说法。

这当然只是传说，但在北魏的《齐民要术》中，已经出现了对"酢"的描述。

"在书里，贾思勰[1]是怎么写这醋的?"我拿起放在桌上的《齐民要术》。

"以前的醋，叫酢。酢就是醋，醋就是酢。"二毛接过书，指着"作酢第七十一"一章说，这里面有二十种做醋的方式，怎么把高粱煮熟，怎么把麸子发酵，然后又怎么搅，"关键是要

1　《齐民要术》的作者，农学家。

经过三个七天。"

说到这儿，二毛不禁提高了音调："三个七天恰恰是'醋'字旁边'二十头'加个'一'，下面再加个'日'。就是说，经过21天酿造出来的，就是醋。"

"那'醋'字的写法其实包含着它的工艺和发酵时间。"我恍然大悟。

"而且据我所知，现在很多偏远农村的传统的手工做法，还在依据21天来作为一个周期。"二毛应和道。

据史料记载，西汉初年相对独立的民营工商业经营成就了繁荣的酿醋产业，然而，汉武帝之后实行的国家垄断经营和专卖制度，使醋这一普通消费品成为当时官府和权贵们利用垄断进行牟利的商品。

"陈醋在我们国家应该是酸度最高的醋。"二毛继续着，"陈醋之所以陈，在于它的年份。在清末民初的时候，有很多大户人家以什么炫富? 陈醋。陈醋年限越长，就说明你越富有。"

不仅是过去，即便是现在，陈醋的价格也颇为不菲——10年的山西陈醋每斤146元，20年的1020元，30年的1720元，到50年的陈醋，每斤就到了3200元。

"这和年份酒一样，保存时间长就算好。"我点头道。

醋，特别是陈醋，虽然用途广泛、价值不菲，却无法占据

"C 位"。

"醋始终不是一个主味吧? 是配置给别人的。"这是我对醋的理解。

"它一直是'夫人'的味道。"二毛会心地大笑。

"对,它老是跟别人配。"我点头称是。

吃醋是一件很诗意的事情

"其实醋这个角色在整个烹饪当中非常重要。"二毛话锋一转,比如川菜中的鱼香肉丝、宫保鸡丁都需要放醋,"醋可以说是它们的灵魂之一。"

在这两道著名的川菜中放醋,我还是第一次听说。

"一方水土养一方人,一方水土造一方物。山西醋要经过暴晒、冰冻吸干水分,浓度越来越高,而且越能够保存。"

二毛继续眉飞色舞地说着醋在烹调中的作用——土豆丝,要加点儿醋;炒豆芽起锅时,也要顺着锅边加点儿醋。作为一位美食家,这是他的强项。

听着二毛对醋的"浓郁芳烈"的定义,我脑海里浮现出了山西醋的世界。

"我一直在想，醋作为一个产业看起来不大，但其实特别大。山西这个醋是不是仅次于煤炭的第二大产业？"

"醋不光是调味品，也能养生和用作医用，应该也是一个大产业。"二毛没有正面回答我的问题。

后来，我的助理告诉我，2015年全国食醋生产企业有3000家，年产量400万吨，其中山西产食醋80万吨，约200家食醋生产企业，产值差不多有26亿元。

"山西围绕醋发展出了很多产业，所以是中国'最酸'的一个省。"我略作停顿，把话题转到了和山西有关的醋文化上，"在山西文化里跟醋有关系的，就是我们经常说的'吃醋'这件事。"

"学术上有个说法，叫'吃醋是哀伤的忌妒'。"我继续着"吃醋文化"，吃醋得有个前提，就是当你跟某一样东西发生了联结，或者是形成了一种共同体，甚至是虚化的共同体的感觉时，当别人要从你身边把这样东西拿走后，这种感觉叫吃醋。

"这是学术定义。所以，醋和忌妒是亲戚关系，忌妒好像比醋还狠一点。"

"对，醋也有爱的成分。"二毛补充道。

在我看来，吃醋和忌妒的心理活动程度不同，吃醋稍微浅一些，心里稍微有点儿酸味般的不舒服，但还没到忌妒；忌妒就不同了——到了忌妒这一步，基本上就开始使阴招了。

"关于吃醋这件事，西方心理学里专门写过一本书，叫《醋意的曼妙机理》。"我想到了之前读过的这本书。在这本书里，专门讲了人与人之间情感关系中一种特别的感情——吃醋。在作者笔下，吃醋是一件浪漫、美好的事情，一种很舒服，但心底又痒痒的奇怪的感觉，所以把它称为"曼妙"。

　　"它应该是诗意的一部分。"二毛也体会到了吃醋的"精华"。

　　"诗意的，甚至就是诗。"我确信无疑。

　　既然是诗意的，那么，醋也一定有远方。醋的远方是什么？

　　"醋意，是存在于非特定男女关系中一种广泛的情绪。"这是我对吃醋，或者说醋意的定义。

冯言冯语（一）：控制吃醋是我们的责任

　　说到醋，我们自然想到，第一，和山西有关；第二，和感情有关。

　　和山西有关的，是酸。醋作为一种调味品，是伴随着我们中华民族的历史一起演变过来的。据考证，我们中华民族开始有酸的感觉，并且能把它称为"醋"，大概是春秋战国的事情了。北魏时期的《齐民要术》又对醋的做法进行了专门的提炼。但是后来，醋被赋予了新的外延——吃醋，形容一种妒忌、爱意交织的感情。

构成吃醋这事儿，有三点要素——共有、侵占和背叛。实际上，这三个要件是今天我们进行社会心理分析的最重要的核心要素。

醋意如果按等级来看，它对社会的影响是不一样的。如果是最简单的浅浅的醋意，实际上是一种相对美好的感受，也就是常说的"失意"。如果醋意再上一个层次，就不是心理活动了，而是动嘴，甚至动手了。这就演变成了由吃醋转化为忌妒、由忌妒演化为仇恨、由仇恨演化为凶杀甚至是摧毁这样一个过程。所以我们要了解这样一种情绪的扩张，要管理好自己的情绪。

醋意无所不在，但是控制醋味是我们的责任。我们不能任由自己内心的醋瓶子倒了以后无限地蔓延，导致最后动手，甚至引起社会动乱。

做一个开开心心的人，有一点浪漫的醋意，有一点温馨的醋感，让我们的生活滋味多一点，生活的状态轻松一点。

做企业，也是这样。

贪生怕死莫入此门

马云说，要把湖畔大学办成中国商界的"黄埔军校"；

华为至少每月有两次在黄埔军校参观学习；

清华大学总裁班，把课堂搬进了黄埔军校；

就连昔日的"万通六君子"，也被称为中国地产界的"黄埔军校"；

……

已有近百年历史的黄埔军校，何以让国内的商业翘楚们趋之若鹜？"黄埔精神"又何以流传百年？对现代企业治理，黄埔军校又会带来什么样的启发？

*　　　　*　　　　*

说来我和黄埔军校是有渊源的。

在上大学之前，对我影响最大的人是我的家人和老师，是他们让我感觉自己背负着某种责任。

我中学时喜欢写日记，写的都是要"改变中国"，现在想起来觉得有点狂妄。那时，我中学一位女老师的父亲是黄埔军校毕业的学生。

当时我是班长，只有十四五岁，偶尔会去看我那位老师。在我印象中，她的房间里有一根电线吊着一个小灯泡，灯光很昏暗；她因为心脏不好，气都喘不过来，所以总是奄奄一息地躺在床上。外边下着雨，屋里点个小炉子，我坐在那里，听她讲家族史、社会史。她讲的这些让我感到很震撼，所以我写日记时就有那么一点"狂"。

或许是这个原因，我总想去黄埔军校看看，也想弄清楚我一直想知道的一件事——为什么在环境动荡、经费紧张的情况下，这所学校能在短时间内培养出这么多人才，并对中国的历史进程产生了如此巨大的影响？

报考黄埔，至少要过三关

2016 年 10 月，《冯仑风马牛》节目组正好要去广州做一期节目，我当然不能错过这一解答我心中疑惑的机会。

让我没想到的是，节目组找来了黎启义老人。在黄埔军校所在的长洲岛，年逾七旬的他几乎无人不晓。黎启义原是黄埔造船厂的职工，当过兵，做过电焊工、切纸工，后来在黄埔造船厂子弟学校当了几年历史教员。1983 年，厂里搞厂史，他对一墙之隔的黄埔军校产生浓厚兴趣。1984 年 6 月，黄埔军校 60 周年庆典时的一次接待经历，让他从此痴迷于黄埔军校校史研究，也由此成为黄埔军校的知名"导游"。

有了黎老的讲解，无疑能更好地解开我心里的那些谜团，但遗憾的是，因为黄埔军校所在地还是军事禁区，我和黎老的交流只好移步附近一艘退役的舰艇上。

"据说国民党在召开第一次全国代表大会的时候就决定要办这个学校，由蒋介石担任筹备委员长开始到军校开学，大概只用了半年时间？"站在退役舰艇的甲板上，我开始了和黎老的交流。在这之前，他已经陪我参观完了整座学校，让我对这所充满传奇色彩的教育机构有了大致的了解。

黄埔军校和美国西点军校、苏联伏龙芝、英国桑赫斯特并称世界四大军校。然而，与其他三所军校相比，黄埔军校许多方面有不足，硬件差，训练水平不高，虽然最多时有 9 所分校，但本校只存续了 6 年时间。从课程设置上看，仅仅是步兵操典、战术学和兵器学等这些比较初级、基础的学科；从教学时间看，也非常短，大多以三五个月为主。当然，这和当时的革命形势有关——黄埔军校必须在较短时间内培养出基层陆军士官，以满足新型军队的迫切需求。

"是的，国民党一大在1924年1月20日召开，1月30日结束，散会以后，所有的中央委员、候补委员，都成了军校招生委员会的委员，都要推荐人员。"黎老果然厉害，时间点记得一清二楚。

当时，中共中央为了配合黄埔军校招生，在党内专门发出了"通告第六十二号"和"中字第二十二号通告"。黄埔军校将招生分为三个阶段，先在招生所在地初试，初选合格，再到外地复试，最后到广东参加总复试。

黄埔军校总复试前的面试也很有意思，第一次考试就是看五官，然后招生教官问学员考生从门口走进来用了多少步。接下来，考官还会在非常短的时间内问很多问题，考生必须很快作答。这样做，测试的是考生的反应能力和语言表达能力。三四天后榜上有名的，就取得了体检资格，体检通过才能拿到笔试资格，再进行复试和总复试。

黄埔一期，将星云集

黎老还有一个绝活——随便说出黄埔军校毕业生的名字，他就能准确无误地回答出是黄埔几期的，是哪里的人。

这并不容易，仅仅黄埔一期，就招收了四百多名学员。而从1924年黄埔军校创办，到1949年国民党逃离大陆，黄埔军校共办了23期。

"黄埔军校的招生体系决定了这个学校都是三民主义的信徒，同时也是国民革命的中流砥柱。"黄埔军校在第一期招生时要"讲政治"，这是在当时最不同于其他学校的地方。

黎启义对在黄埔军校一期中诞生的这些熠熠生辉的名将，更是了如指掌。"孙中山推荐了4个人，都被录取了，其中一个叫容有略，后来成了国民党的高级将领。当时军校第一期招了四百多人，大概花了半年时间。"

今年是中国抗日战争史上最悲壮的衡阳保卫战76周年，参加衡阳保卫战的国民党军一九〇师师长就是容有略，和军长方先觉等坚守衡阳城四十余天，重创日军精锐第十一军，后来被授予了国民党陆军中将军衔。至于蒋先云，更是大名鼎鼎，当年22岁的他以第一名的成绩考入黄埔一期，后来成为"黄埔三杰"之一。

"因为在招生的一开始，黄埔军校就非常强调价值观上的一致，中央委员、候补委员推荐的同时，还要有人担保，再加上考试层层筛选，所以第一期的学员基本上跟国民革命的核心人物有关系，也是未来事业的核心骨干。"对于黄埔一期诞生的众多优秀将领，我道出了自己的理解。

"对，当时入学还要考三民主义学说。"黎老说。

"那这个学校收学费吗?"我问。

"不收学费。当时的政府也很困难，虽然拨了一些钱下来，但是远远不够用。"黎老比画着手势，"苏联人前后投入了几百万，学生的吃、住，包括服装都全免。"

"那些为了理想和信念而来的人，是不用交学费的。当时的招生条件之一，就是要学员有初中文化，在那个时候，初中文化就很厉害了。"听完黎老的介绍，我由衷感慨，为什么后来黄埔军校的学生有很好的发展? 很大程度在于他们都是有文化的人，这保证了他们有对先进事物的学习领悟能力和判断力，潜力非常大。

黄埔军校的介绍里说，抗战时期，军校为前线输送将近二十万官兵，为共产党培养了53位将军。他们都是中国革命的中流砥柱。黎老说，每一次走进黄埔军校心里都无比激动，昔日峥嵘岁月，黄埔同学在历史上创造的丰功伟绩，太多太多。

冯言冯语（一）：黄埔军校的成功离不开价值观的驱动

黄埔军校是中国近代历史上特别重要的一个传奇式的教育机构，它影响了中国历史的一百年。

这一百年历史当中的所有先后出场的主角，都是从这个学校开始的。一个教育机构，能够有这么大的影响力，而且在非常短的时间内起了决定历史，甚至是扭转乾坤的关键作用。

黄埔军校从筹备到招生，大概半年多时间。办这个学校，是国民党一大时决定的，由蒋介石作为筹备委员会的负责人。黄埔军校本校正式续存的时间也就6年，最多的时候有9个分校，前后一共培养的学生大概有十五六万人。学生在黄埔军校学习的时间都非常短，三五个月为主，都是短训、快速轮训。

为什么这个学校在环境动荡，经费也很紧张的情况下，还能在短时间内培养出这么多人才，并对中国历史进程产生这样巨大的影响？这是我来到这儿最想搞清楚的一件事。

我梳理了一下，终于找到了我认为可以说清楚这件事儿的重要答案——

黄埔军校的创办，不是为军事而军事。

换句话说，它的创办不是单纯的军事目的，它是孙中山在国民革命当中受制于军阀和当时整个社会形势，而不得不采取的一个对三民主义、对国民革命起支撑作用的决定。

之前，孙中山屡次起义，屡次发动革命，但都失败了，他认为主要原因在于军事上的弱势，所以他要采取一个措施，来支撑他的三民主义和国民革命。也就是说，黄埔军校是在一种极强的主观的革命精神、革命意识指导下产生的学校，它的诞生是价值观的驱动。只有价值观、使命，而非利益的驱动，事业才更有生命和力量。

组织架构是黄埔军校成功的核心因素。

孙中山在 1921 年时，与当时的苏联正式达成"办军校、建革命军"的共识，并借鉴了苏联的办法。军队一开始叫"党军"，就是中国国民党国民革命军。黄埔军校在领导架构上，最主要的三个人分别是：总理孙中山、校长蒋介石，以及国民党代表廖仲恺。校本部之下设政治部、教授部、训练部、军需部、管理部和军医部。1924 年 11 月增设教育长和参谋处、军法处，合称 6 部 2 处。

国民革命的思想指导，加上借鉴了苏联学校的模式，才保证了这个军校的高度凝聚力。再加上这种通过层层推荐、担保的招生方法，以及免费、集中的短训学习，决定了黄埔学生最后能成为国民革命的中坚力量，从而演化出了中国革命的史诗。

冯言冯语（二）：创业者该向黄埔军校学习什么？

"升官发财请往他处，贪生怕死莫入此门"，孙中山专门批示在黄埔军校门口挂出的一副对联，很好地反映了黄埔军校的核心价值观，"咱们在这儿是来闹革命的，不是来升官发财的"。正是这样的一种精神，才能保证后来的学生继承了这种理念，成为整个事业的发动力量。

对企业、对创业者来说，一个事业的价值，取决于它是被人们的价值观驱动，还是被利益驱动。只有前者，才会有力量。使命的驱动、价值观的引导，再加上个人的修为、朋友的支持等，只有把这些事情充分结合在一起，最后再有幸赶上历史的机遇，事业才能够成功。

关于企业、企业家的价值观，我曾在清华大学的一次演讲中说起过。一名企业家，如果有正确的价值观，就可以做好三件事：第一，看未来的方向。一个企业家最重要的挑战是不确定性，怎么在混沌当中，看到潜流、激情、趋势、危机和机会这些别人看不见的。第二，算别人算不清的账。企业家每天都在算两种账，一种算得清，一种算不清。一块地50亿元，这是算得清的；算不清的账为什么算不清？一是时间，二是与谁在一起，三是这件事做得合不合公众道德。第三，做别人不做的事。有理想的人首先有毅力，毅力听起来挺玄乎，其实就是死扛，谁能扛得住，谁就能成功。

　　黄埔军校靠价值观、靠使命驱动而创办，在取得成功的同时，又延续了它的核心价值观，这对我们办企业是特别重要的启发。

人生需要一堂死亡课
我的内心独白

一直以来，中国人大多很避讳谈论死，而是无限地去讨论生这件事，但死亡是终究会到来的必然结果。

每个孩子在幼年的时候，都会提出类似"人为什么要死""人死后会去哪里"这样的问题。这是孩子人生中第一次面对死亡问题。其实，不仅对孩子，对每一个成人来说，我们都缺少一堂课——一堂"死亡之课"。

*　　　　*　　　　*

孔子说，未知生，焉知死；乔布斯说，死亡是生命最伟大的发明；耶鲁大学曾开设过《死亡哲学》公开课……

所有这一切，都表明了生与死是一对对立的矛盾统一体。

从这个意义上，认识死亡，才能更好地认识生命。

我曾经"死"过一次

我曾经"死"过一次，起因是十多年前那次被误诊为癌症。

当时我在医院的肿瘤病房整整住了三个月，医生几乎要锯掉我的大腿。而在我花了数十万元、经受了三个月的精神与身体双重折磨之后，医院居然没有对误诊作出任何交代。因此，我能够非常真切地体会到一个癌症病人在生命最后时刻的那种希望与绝望交织的挣扎，以及给亲人带来的巨大痛楚。

从那以后，我开始思考死亡的事。

在最后被确认为误诊前，我说，在"进去"之前，先最后看一眼这个世界。于是，我让司机带着我沿着北京二环路、三环路转。我把腿搭在前座上，就这么漫无目的地走着，突然觉得所有原来重视的事都变得特别轻，飘了起来。这个时候，只有生命很沉。

关于死亡，我还有一段经历。我有一位朋友，大概不到10岁时父母就都去世了，有一天突然跟我借车，说去看他的父母，让我跟他一起去。车一直往北开，到了一座公墓前。那天晚上下着雨，他带着酒、小扫帚、手电……显然是有备而来。

在他父母的墓前，他让我别吱声，让他自己在这儿待会儿。在离他十几米开外的地方，我看见他用小扫帚慢慢地扫着，并且非常认真地和他父母说话。

后来我回想，那时他的情感需要特别专注的表达，故而特意找了一个夜深人静的时候。

我还有一位现在生意很成功的朋友，也特别有意思。在下海之前，他做了一个决定——埋葬过去的自己，创造一个新的自己。于是，他给自己买了块墓地，把以前用的东西都埋了进去。他说，和过去的自己告别后，可以尽情地折腾；如果遇到不顺的时候，再回去，和昨天的自己对话。所以，他的那块埋葬昨天自己的墓地，是一个很重要的专属情感的表达地。

除了个性，我觉得这是一个思考人生终极问题的方式，同时也是使自己进入一个特别安定的心境，来整理自己情绪的地方。

在林语堂故居，我又"看"到了先生

在我们身边，什么地方离死神最近？我看除了医院，就是墓地了。

多年前，我去过俄罗斯的新圣女公墓。那是一座非常有个性的墓地，每一个墓园前都有一尊雕塑。比如赫鲁晓夫的雕像就是一半黑一半白，这也是后人对他的评价——赫鲁晓夫永远是一半黑一半白。奥斯特洛夫斯基那里，基本上按照他临终前的形象塑造了他的浮雕。

在日本，也有一处非常著名的墓地——伊东丰雄设计的"冥想之森"，它的概念就来自白鹭鸶。白鹭鸶是纯净生命的象征，视死生为自然，便是公墓的设计理念。日本还有一处在埼玉县的湖滨公墓，整个建筑像是告诉游客，"在你离开之前请坐下休息一会儿"。

除了这些安葬名人或者很个性的墓地，安葬普通人也很重要。

我去台湾碰到过一个故事。在台湾，有安置逝者骨灰的灵骨塔出售，供人祭拜。但由于它是商业化运作的，在祭拜的时候就出了问题。和我们卖房子不一样，我们卖房子底楼、顶楼相对比较贵，顶楼景观好，底楼有花园；灵骨塔则不然，越低越高都很便宜。因为高了、低了都没法拜，所以站起来，超过一个人头高的位置是最贵的。

在台湾，我还去过林语堂的墓地，感觉特别好。其实，说墓地并不确切，因为他的灵柩就安放在先生生前的院子里。院子完全保留了当时的格局，书房什么都没动。当进到故居后，在里面吃饭、喝茶，从阳台看出去，先生就在那里。你会感觉这边上是书房，这边上是卧室，那边是院子，然后你可以看着他的书，先生出来了……这时，你并没有阴阳两隔的感觉。

用我们今天的话说，就是场景。

类似的场景，还有唱红《外婆的澎湖湾》这首歌的潘安邦的故居。在他的故居里，保留了一段并不算高的墙。走进去，仿佛就能看到矮墙旁站着一位白发苍苍的外婆，一个小孩儿正坐在矮墙上，哼唱着"坐在门前的矮墙上一遍遍怀想……"

这时候的墓地，或者说故居，实际上变成了人和人交流沟通——既和逝者沟通，也是生者在一起的一个场所，特别人性，特别生活化。

因死亡而活得更精彩

我第一次在台湾逛书店的时候，突然看到一本书，叫《死亡教程》，讲的是你应该怎么理解死亡。书里告诉你，死亡也不是什么神奇的事，死后更不会变成妖魔鬼怪。当你看完这本书，你会觉得当你面对死亡的时候，会变得很坦然。

我看过一个视频，是讲在荷兰一个安乐死的场所。视频里的男的大概六七十岁，准备在某一天完成安乐死。整个过程中，他的老伴儿一直陪着他。

第二天早上起来，和往常一样吃过早餐后，一位服务人员和他确认了签订好的协议，并给了他两粒药片。男的接过药片吃了，服务员问"感觉怎么样"，他说"很好"。大家就这么边看电视边聊天。过了一会儿，男的说，我有点儿困了，想休息。大家就把他扶到沙发上，他的老伴儿搂着他一起坐着。慢慢地，他"睡着"了，有医生测了下脉搏，对他的家人说，祝福你。整个过程，家人也非常平静。

这是西方对待死亡的一种态度，让我想起了哲学家蒙田说的一句话：你对死亡的思考，会让你意识到自由的边界。

其实这话挺有意思，就是当你濒临死亡的时候，你才发现活着的边界在这儿，那就是自由的边界；否则，你不知道自由的边界在哪儿。换句话说，硬的、刚性的边界就是活着。

但在中国，的确缺少这方面的思考，更缺乏死亡这方面的教育。前面说到的墓地，就是很好的一个例子。

墓地是人生的终极归宿之地，承载着为亡者提供最后居所、为生者提供祭祀缅怀场所的功能。

舒尔茨说："凡存在均具有精神，并且这种精神赋予人与场所以生命，伴随着人与场所的整个生命旅程。"场所是一种人造的空间，人赋予场所以精神生命，当场所的精神特性被认同之后，就折射出场所精神，而场所精神反过来又深刻地影响着人的思想与行为。

这是一堂生动的死亡教育课，原来死亡可以是如此亲切和美好。相信以后生活在"风马牛小镇"上的人们，再也不会恐惧和害怕死亡，只会因死亡而活得更精彩。

冯言冯语：我们不光是活着，偶尔也会死亡

-

生命中不光是有欢乐，也会有悲伤。

我们不光是活着，偶尔也会死亡。

每个人，生，不由自己选择；死，同样如此。正因为这样，我们更应该多花些时间去想，甚至去做一些思考上的练习。这个过程是健康的人生中必不可少的一门课程，叫"死亡教育"。

实际上，这个教育的目的就是让人活得更好。我发现，凡是上过这个课的人，他们活得更开心了，而且他们对于死亡不恐惧，他们怀有对生命的一种积极的态度，对生活更充满了爱。这

或许就是马云所说的"认真生活"。

有个极端的例子可以跟这相比——特种部队。国外的特种部队有一种"死亡训练"，即，给队员们一个最强烈的指令，也就是死亡，这是他们要执行的最后一个任务。美国的海豹突击队就有这样的训练。

不知死，焉知生；向死而生，实际上都是一种更积极、更乐观的人生态度。

我希望大家更好地活着，同时也更多地理解可能没法回避的死亡。在这个由生而死的过程当中，活好每一天，活好每一分钟，然后每一分钟都充满着欢笑。

— 书法篇 —

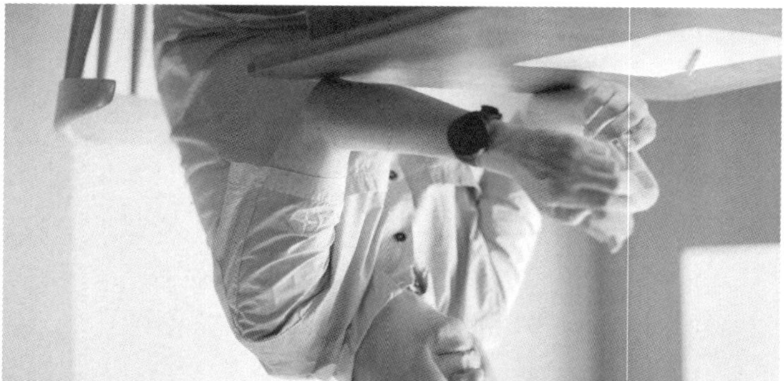

冯仑

企业家，作家

1959 年出生于陕西西安。西北大学经济学学士，中央党校法学硕士，中国社会科学院法学博士。

1991 年起先后创办御风投资公司和万通地产，长期从事房地产的投资、开发与运营管理，是民营企业中的先行者，布道者。

1999 年，联合万科、建业等公司发起成立了中国城市房地产开发商策略联盟（中城联盟），担任第二任轮值主席。
2001 年，参与创立亚布力中国企业家论坛，出任轮值主席。
2004 年，参与创立非营利性环境保护组织阿拉善 SEE 生态协会，担任第四任轮值主席。
2015 年，参与创立湖畔大学并担任校董事会成员。
2015 年，创立自媒体"冯仑风马牛"，以公众号文章、视频、音频、图书等多形式为载体，表达商人立场、讲述商人故事、传递商业智慧。

主要作品

《野蛮生长》（2007）
《理想丰满》（2011）
《岁月凶猛》（2017）

吃醋的人生

产品经理 | 王　胥　　　装帧设计 | 张一一
技术编辑 | 顾逸飞　　　特约印制 | 刘　淼
产品监制 | 贺彦军　　　出 品 人 | 路金波

图书在版编目（CIP）数据

吃醋的人生 / 冯仑著述；寇建东整理. -- 北京：
中国华侨出版社，2020.10

ISBN 978-7-5113-8223-8

Ⅰ.①吃… Ⅱ.①冯… ②寇… Ⅲ.①商业经营—通
俗读物 Ⅳ.①F715-49

中国版本图书馆CIP数据核字（2020）第104249号

吃醋的人生

著　述：冯　仑		整　理：寇建东	
责任编辑：姜薇薇		装帧设计：张一一	

经　　销：新华书店
开　　本：880mm×1230mm　1/32
印　　张：6.5
字　　数：116千字
印　　刷：天津丰富彩艺印刷有限公司
版　　次：2020年10月第1版　2020年10月第1次印刷
书　　号：ISBN 978-7-5113-8223-8
定　　价：68.00元

中国华侨出版社　北京市朝阳区西坝河东里77号楼底商5号 邮编：100028
法律顾问：陈鹰律师事务所
发 行 部：(010)64013086　　　传真：(010)64018116
网　　址：www.oveaschin.com　E-mail: oveaschin@sina.com